Colección Mesa Redonda

GERARDO ANDRÉS

PERAFÁN ECHEVERRY

PENSAMIENTO DOCENTE Y PRÁCTICA PEDAGÓGICA

UNA INVESTIGACIÓN SOBRE EL PENSAMIENTO PRÁCTICO DE LOS DOCENTES

cooperativa editorial

MAGISTERIO

Colección Mesa Redonda

Pensamiento docente y práctica pedagógica

Una investigación sobre el pensamiento práctico de los docentes

© Autor: Gerardo Andrés Perafán Echeverry

Isbn:958-20-0325-1

Primera edición: 1997

Segunda edición: 2000

Colección Mesa Redonda

© Editorial Magisterio

Diag 36 bis nº 20-70

Tel. (571) 3383605

Bogotá Colombia

www.magisterio.com.co

info@magisterio.com.co

Dirección general

Alfredo Ayarza Bastidas

Dirección editorial

Hilce Patricia Sánchez

Contenido

CAPÍTULO 2
ANÁLISIS E INTERPRETACIÓN DE LAS CONCEPCIONES DE CONOCIMIENTO EN
ESTUDIANTES-DOCENTES DE POSTGRADO

CAPÍTULO 3
OBSTÁCULOS EPISTEMOLÓGICOS Y PEDAGÓGICOS
DEL PROCESO EDUCATIVO.
BIBLIOGRAFÍA

PRÓLOGO

Algunos autores contemporáneos han denunciado las dificultades
epistemológicas y pedagógicas que se generan a partir de la puesta en práctica de la noción de investigación educativa, cuando es
entendida como un proceso fundamentalmente experimental y
desarrollada por profesionales provenientes de áreas lejanas a la
formación pedagógica. Entre otras, se ha denunciado que

> *una de las consecuencias del crecimiento de los es-*
> *tudios experimentales (en educación) ha sido una*
> *discrepancia cada vez mayor entre las prácticas es-*
> *colares y los descubrimientos de las investigaciones*
> *(Olson, 1996: 17-18);*

consecuentemente se ha fortalecido la idea del profesor como
tecnólogo de la educación que debe callar y aplicar la "teoría" que
le ofrecen los autodenominados expertos en investigación
educativa.

El presente libro intenta una postura distinta toda vez que la emergencia del problema de investigación es comprendida, como posible, sólo en el ámbito del desarrollo profesional, en contexto, del sujeto que investiga. Así, bien planteado, un problema concreto de investigación en educación, para un docente, corresponde al desenvolvimiento histórico de un sujeto que se instituye y es constituido desde el entramado cultural que llamamos lo educativo y lo pedagógico.

Lo anteriormente afirmado no significa que investigadores de otros ámbitos no puedan entrar a interactuar con los profesionales de la educación y la pedagogía, por el contrario, más allá de la intencionalidad de los profesionales sabemos que se impone una cultura que en sí misma entreteje los distintos sentidos emanados de las diversas formas de ordenar el mundo; sin embargo, la idea de que los investigadores experimentales puedan dar cuenta de los procesos educativos sin contar con la participación concreta de las intenciones, necesidades e intereses de la comunidad educativa, no como objeto de investigación, sino como dimensiones constitutivas del sujeto investigador mismo, ha periclitado.

La investigación en el aula y la investigación en la escuela deben hacerse en los espacios reales donde los sujetos se enfrentan a los sentidos de su praxis. La investigación educativa no puede ser cuestión de laboratorio para controlar variables, sino un proceso que involucre a los sujetos en la reflexión y ampliación de los sentidos de sus prácticas.

Tal vez por ello el autor ha buscado desarrollar una investigación que ante todo está comprometida con la posibilidad de explicitación de las concepciones que instituye a los docentes y de las cuales sólo es posible dar cuenta de manera significativa cuando son los mismos maestros quienes realizan el proceso de tal explicitación.

Este libro está dirigido a todos aquellos docentes del país que buscan formas alternativas de ser y estar en el aula. Mostrando una experiencia de investigación sobre pensamiento práctico de docentes, el autor se propone abrir un espacio de reflexión entre los maestros del país para pensar cuáles son los límites que nuestra propia formación como sujetos de conocimiento le impone a las innovaciones que nos proponemos en las instituciones educativas. La tesis de que el sujeto epistémico que somos se ha constituido históricamente como un dispositivo que legitima las formas tradicionales de docencia, a pesar de nuestras buenas intenciones de cambio, no puede menos que orientar una búsqueda colectiva que explicite las distintas concepciones que nos constituyen, con miras a una reorganización de esa subjetividad epistémica, para abrir paso a otras formas de pensar lo educativo desde una relación distinta con lo que entendemos por conocimiento.

La idea de constituir una comunidad de docentes-investigadores como alternativa a la diseminada práctica de "docentes-aplicadores", pasa también, y fundamentalmente, por una explicitación del tipo de subjetividad que ha hecho posible que aceptemos el papel de simples tecnólogos de la educación, pues esa aceptación relativamente acrítica obedece a que hemos sido formados desde unas concepciones de conocimiento que hoy están demostrando su inadecuación histórica. Concepciones desde las que se ha tejido en gran medida el sentido de las prácticas educativas y pedagógicas hegemónicas.

Por otra parte, esa idea implica aventurarse en procesos de investigación educativa alternativos, los cuales constituyen, en la reflexión contemporánea, un espacio epistemológico de mayor verosimilitud frente a las búsquedas cada vez menos creíbles de la racionalidad experimental-positivista. Por ello el autor se abre camino entre los presupuestos de la investigación cualitativa, al mismo tiempo que da puntadas, desde una racionalidad crítica, para seguir en la construcción de ese paradigma.

Por último, hay que advertir al lector que el presente libro no ha sido escrito desde una posición sistemática, como sí desde una intencionalidad edificante, por ello, es necesario recomendar que sea leído de una manera más terapéutica que constructiva.

Presentación

Este momento de un texto cualquiera debería llamarse *cómo no hacer una presentación*, pues ello sería más consecuente con un proceso de investigación.

En efecto, la presentación alude, quiérase o no, a un determinado tipo de representación, a un intento por formalizar lo que el autor quiso decir, sentido que el lector supuestamente debe encontrar en el texto al que se enfrenta; en fin, a una domesticación de la lectura. Quien presenta dice lo que el texto "contiene" y ya ésta es una operación pretenciosa. Aun, si un texto como este se redujera a la exigencia institucional de informar lo que ha pasado en la investigación, no podría escapar a las múltiples posibilidades de lectura. La recuperación de la presencia es imposible. La deriva es ineludible. La huella se impone tras la caída de la presencia. ¿Y si lo que se llama "informe" es el devenir de la investigación como escritura? ¿Si el escrito debiera ser comprendido como un devenir del sujeto en la escritura? ¿Cómo hacer una presentación de ese devenir?

En varias ocasiones el autor de este escrito se ha visto en la dificultad de tener que traducir la emergencia de una idea, de una intuición, de un análisis en un informe de dicha emergencia; es decir, ubicar una manera de pensar en otro contexto, el de la información, cuando ha venido construyendo precisamente en polémica con esa concepción. Aun así, el proceso de la escritura con su fuerza invade en varios momentos a quien pretende simplemente informar.

El trabajo se divide en tres capítulos de los cuales el primero desarrolla las condiciones desde donde aparece como posible el problema de investigación. Que aparezca de primero, y se extienda un poco, es comprensible, pues un problema es auténtico para el investigador cuando constituye una problematización de su mundo profesional o personal. En tal sentido lo que aquí se llama antecedentes es más un contexto de emergencia. También se presenta una visión particular de lo que podría entenderse como problema, objetivos, justificación y método desde el punto de vista del autor, el cual se ha formado en la filosofía crítica y específicamente en la filosofía polémica.

En el segundo capítulo se desarrolla el análisis y la interpretación de las concepciones de conocimiento que instituyen la subjetividad de los grupos de maestros que participan en el proceso de investigación. Uno de los propósitos del trabajo de investigación ha sido posibilitar una reflexión individual y colectiva sobre las concepciones de conocimiento que instituyen a algunos docentes del país, entre ellos los maestros que asisten, en calidad de estudiantes, al Seminario de Epistemología de la Pedagogía, del Postgrado en Educación con énfasis en Evaluación Escolar y Desarrollo Educativo Regional, y maestros que asisten a distintas jornadas de actualización y capacitación que desde el programa se ofrecen. El proceso de explicitación permite inaugurar la reconstrucción de los sentidos colectivos de dichas concepciones[1], razón por la que se presentan, a manera de ilustración del proceso, no sólo los resultados de la interpretación, sino también los tratamientos a la información, parte de esa información, así como los distintos análisis.

El proceso de recolección de información en cada colectivo se ha iniciado con la aplicación de un cuestionario abierto y semiestructurado; sin embargo, no siendo esta la única fuente de información, sino además diferentes sesiones de discusión, con las correspondientes grabaciones y filmaciones y la bibliografía pertinente, puede notarse que este capítulo se construye poniendo en relación todas las fuentes.

El tercer capítulo presenta un proceso concreto, con su respectivo análisis, en el que se produce una revisión de los obstáculos epistemológicos y pedagógicos que necesariamente aparecen en todo proceso formativo y que deben ser comprendidos, no aisladamente, sino en el marco del contexto afectivo—cognitivo en el que se presentan.

Por último, hay que aclarar que la explicitación del pensamiento que instituye a los sujetos puede tender hacia una reconstrucción sistemática y/o hacia una reorganización reflexiva. Esta última permite una transformación significativa en la práctica de los maestros, por cuanto es el sujeto de la práctica el que se transforma.

---

1   Para desarrollar este propósito se programan puestas en común de las clasificaciones y categorizaciones que consisten fundamentalmente en lecturas individuales y colectivas de los documentos que recogen los análisis. Las sesiones son filmadas en su totalidad y sometidas, igualmente, al análisis en los grupos respectivos.

La idea de una sistematización de las concepciones de conocimiento deja abierta la posibilidad, en toda investigación, de no reconocer que en los salones de clase siempre un pensamiento se presenta como una función obstáculo, en el sentido pedagógico del término[2]. Sin embargo, parece ser que en el desarrollo del pensamiento científico los obstáculos epistemológicos siempre aparecen como una necesidad funcional. Así, un pensamiento bien sistematizado puede constituirse en un obstáculo epistemológico, en una detención del pensamiento (cf. Bachelard, 1985 — 1978).

Después de deliberar sobre esta cuestión, aparece evidente la no pertinencia de realizar el trabajo de explicitación de los pensamientos de los docentes, en función de la sistematización de los mismos, ya que se corre el riesgo de fortalecer obstáculos constituidos por la cultura. En este sentido, el investigador debe tomar posición: las concepciones de dichos docentes requieren más bien de un esfuerzo de reorganización permanente que permita dinamizar esa fuerza, ese poder que denominamos pensamiento y que, dinamizado, funciona como un freno frente a las convicciones rápidas. Reorganización que permita, en última instancia, una comprensión dinámica de lo que por su naturaleza es dinámico: el conocimiento. Que permita entender que la cosa es verbo, no sustantivo, aunque la nombremos como cosa, esto es, como sustantivo.

En adelante, si se quisiera construir el perfil epistemológico de la noción de conocimiento que se mueve en las relaciones pedagógicas, seguramente se encontraría una diversidad filosófica por la

---

2   Para una mirada a la noción de obstáculo pedagógico puede leerse el artículo "Fundamentos epistemológicos de la pedagogía en el marco de la polémica constructivista de Piaget e histórica de Bachelard" (Perafán, 1995).

que ella atraviesa en su proceso de cualificación y enriquecimiento, con lo cual podría intentarse un sistema para tal categoría. Sin embargo, lo urgente para la práctica del docente parece ser más bien el trabajo de reorganización de las nociones que lo constituyen. A pesar de todo, desde el punto de vista del desarrollo del saber pedagógico la sistematización de los perfiles epistemológicos de las nociones pedagógicas es una tarea urgente que deben realizar los pedagogos. De él depende, en gran medida, la precisión en el desarrollo de la pedagogía como ciencia discursiva.

Se puede mirar a lo largo del presente trabajo, entonces, un intento permanente por mostrar cómo se viene dando ese proceso de reorganización reflexiva de los sujetos: desde la explicitación colectiva de las concepciones dominantes y subordinadas que instituyen y constituyen a los maestros, hasta la aparición de la crítica directa que funciona como vigilancia epistemológica de la comunidad sobre sus propias formas de operar. Este interés explica también el sesgo en la clasificación, pues no tratándose de una sistematización rigurosa, el investigador toma partido, teje la información, con los participantes, a partir de una incitación. Provocación que produjo, en algún momento, la información para ser reorganizada en los aspectos, dinámicos o no, que ella revela como constitutivos del problema del conocimiento.

Capítulo 1

Una investigación en proceso

LOS ANTECEDENTES

Antecedentes autobiográficos

Desde el año 89, después de una larga preparación académica que consistió básicamente en seminarios polémicos sobre distintos autores y en donde se puso de manifiesto la relatividad de los presupuestos filosóficos de generalización y los presupuestos científicos de comprensión, las nuevas exigencias de tipo profesional que aparecen en mi vida imponen la necesidad de recontextualizar los conocimientos construidos a través de milenios de cultura, en un salón de clase. Es decir, cuando aparece en mi vida la tarea de profesor, como un campo posible de desempeño profesional, surgen igualmente las dificultades para hacer posible tal recontextualización:

— El componente pedagógico que hizo parte de mi formación en la Universidad del Cauca, abrió serias heridas en torno a la credibilidad y efectividad de las técnicas, presupuestos y procedimientos "adquiridos" en mi formación normalista. Así, por ejemplo, en esa época universitaria, el problema que consistía en reconocer la enseñanza como un proceso que centra su atención en los medios adecuados para transmitir algo, fue desplazado, a partir de los procesos de interacción con los compañeros y docentes, por el problema del aprendizaje cuyo centro de desarrollo e interés no era muy claro pero que se dibujaba alrededor de la comprensión de las condiciones que hacían posible la emergencia del sujeto cognitivo.

— El componente disciplinar, por su parte, produjo serios cuestionamientos en relación con la aparente, pero en esa época fundamental, acumulación de información obtenida en los años como estudiante de colegio. Poco a poco la relación con el saber fue adquiriendo matices diferentes que se notaban en una relación distinta con los textos; la lectura dejó de ser esa práctica que sólo busca recuperar el sentido oculto de los textos —a pesar de que también ahí, en el espacio universitario, se leía a Gadamer y a Ricoeur— para convertirse, cada vez con más fuerza, en un placer que hace estallar el incendio del sentido (Barthes, 1974); la escritura, por su parte, era cada vez menos un instrumento a través del cual se expresa el pensamiento, para constituirse en la esencia espiritual del hombre. Los límites entre pensamiento y escritura impuestos por una concepción instrumentalista, en la que había sido constituido como sujeto de esas prácticas —y que se veían reforzados en largos años de estudios— se desvanecían frente a las incitaciones de Benjamin para quien el pensamiento no se expresa a través de la escritura, sino que, por el contrario, lo que constituye la naturaleza de la escritura es que en ella, y no *a través* de ella, se comunica la esencia espiritual del hombre (cf. Benjamin, 1982).

Por otra parte, estos cambios estaban enmarcados dentro de unas relaciones personales que permitían el debate permanente tanto en los salones de clase como fuera de ellos. Pero al parecer, lo que no podía comprender en esa época era que mi relación con el conocimiento y la concepción misma sobre la naturaleza del conocimiento que me instituía, como sujeto epistémico, estaban sufriendo una ruptura. Ruptura que se viene constituyendo, por lo tanto, hace ya varios años.

Así, puesto entonces en el salón de clase para "dictar" el curso de filosofía a estudiantes de 10 y 11 grados, con estas reflexiones e interrogantes, el "profesor" que era, no sabía qué hacer.

Optar por reproducir las enseñanzas de didáctica y metodología, para hacer la clase magistral, se presentaba a la conciencia como un error, pues la idea de que conocer era poseer conocimiento y que este conocimiento era un acumulado de informaciones que daban cuenta del orden del mundo o de la esencia del mismo, se había desestabilizado y, por lo tanto, tales lecciones eran innecesarias, puesto que la razón por las que existían como válidas, estaba en entredicho.

Surgieron, además, las incitaciones de Estanislao Zuleta, quien en sus conferencias y escritos invitaba a pensar las relaciones entre los sujetos y las de estos con el conocimiento, en la escuela (conocimiento entendido como mercancía, como cosa), desde una perspectiva distinta; no como un bien común al que todos debemos tender para mejorar una posición social y económica, sino como un verdadero dispositivo que tiene como función inhibir el pensamiento. En efecto, él afirmaba que

> *la educación es un sistema de prohibición del pensamiento, transmisión del conocimiento como un deber, el conocimiento como algo dado, petrificado. (Zuleta, 1985: 89).*

A la vez, el acercamiento a los pensamientos de Bachelard, para quien la emergencia del espíritu científico se explica como un largo proceso de discontinuidades históricas, en el cual se imponen los obstáculos y las rupturas epistemológicas como funciones propias del desarrollo de dicho espíritu, marcó un giro definitivo en lo que en adelante podría ser y hacer como profesor de filosofía. No obstante, es bueno reconocer que la presión, cada vez más creciente, de alumnos, directivas y colegas hacía tambalear mis "nuevas convicciones" sobre lo que debería ser un curso de filosofía: no un espacio para aprender unos conocimientos, sino un espacio para ejercitar los procesos de pensamiento. Tales presiones, tal contexto de interacciones personales e intelectuales, constituyeron, de alguna manera, el juego de tensiones que explica la necesidad de plantearse, hoy, el problema de las concepciones de conocimiento que constituye a los docentes y de las maneras como dichas concepciones legitiman sus prácticas pedagógicas.

Convencido como estaba, y aún lo estoy, de que el problema de la pedagogía no se reduce a la implementación y/o a los interrogantes por los elementos más adecuados para transmitir e informar; a la búsqueda de los instrumentos metodológicos para hacer accesible la información y de las estrategias adecuadas para aliviar el tedio que esta experiencia produce. (Perafán, 1994b: 45),

me he dado a la tarea de preguntarme por qué la inmensa mayoría de sujetos que constituían los nuevos espacios en los que me estaba moviendo, así como los antiguos profesores y compañeros, daban tanta relevancia a la pedagogía como metódica.

La pregunta es vital, pues se trataba de un buen número de sujetos, colegas y estudiantes que, como lo he dicho, ejercían presión desde sus prácticas escolares, sobre las maneras no escolares de hacer clase que estaba intentando inaugurar como salida al estado paradójico en el que me encontraba. Podría decirse que las convicciones que mediaban mi práctica del momento no necesariamente eran verificables en la realidad. Que los presupuestos teóricos o intuiciones "personales" no eran simétricas con lo real educativo. Por lo menos con aquel real que aparecía como el dominante en la institución educativa a la que esta contextualización se refiere. En tal sentido, la pregunta aparece como una necesidad funcional. Pero, igualmente, las respuestas en ese momento no se dejaron esperar. Podría afirmarse que antes que la pregunta apareciera estaban ya las respuestas. Así, una primera respuesta fue que la posición en la que se encontraba la mayoría en relación con la creencia de que sus prácticas eran las únicas válidas, y que una teoría pedagógica entendida como metódica las sustentaba, se debía a la formación académica dominante que pasaba por ser legítima y terminaba por ser, efectivamente, legitimada en la opinión de esa mayoría. Sin embargo, ya era evidente que en el desarrollo de un pensamiento en busca de las mejores condiciones para ordenar o construir lo real, la primera aproximación de la mayoría no es siempre el mejor camino. Razón por la cual la respuesta se asemejaba a "un pañito de agua tibia" que amortigua el dolor pero no cura la herida. Que una significativa mayoría opinara que las cosas eran así, no significaba que así fueran realmente o, por lo menos, no tenían por qué ser así siempre. No necesariamente.

Por otra parte, era evidente que esa respuesta dejaba abierta otra pregunta, aun de mayor relevancia: ¿Qué puede encontrarse en la base de tal opinión generalizada sobre la naturaleza metódica de la pedagogía? Una mirada crítica me ha permitido pensar que una constante de quienes conciben la pedagogía como metódica es la idea de que la escuela es un lugar en donde se recontextualizan "conocimientos adquiridos", los cuales, como condición *sine qua non* para la permanencia de la cultura, deben ser transmitidos a las generaciones. Si fuera legítimo introducir un orden de valores epistemológicos en las anteriores nociones, diríamos que hay una concepción particular de conocimiento que hace posible pensar la escuela como lugar de recontextualización y, a la vez, ésta última es la que permite pensar la pedagogía como metódica. No debe perderse de vista, entonces, que es desde una concepción particular de conocimiento que aparece como legítimo hablar, en última instancia, de la pedagogía como metódica. Es decir, el proceso formativo hegemónico es un efecto necesario de una concepción milenaria sobre la naturaleza del conocimiento. Nos movemos en unas prácticas formativas específicas mediadas por una concepción de pedagogía como metódica, porque nos instituyen unas concepciones de conocimiento que históricamente legitiman esas prácticas. Comienza a presentarse así lo epistemológico como uno de esos subterfugios desde donde el poder ejerce su acción legitimadora. En efecto, existiría también una razón epistemológica que tendría como función la legitimación del orden tradicional de la escuela. Como el conocimiento es concebido como una cosa, una información que tenemos sobre algo, entonces, la escuela se hace necesaria como escenario para su reproducción. De ahí, igualmente la necesidad de una pedagogía, de un método que permita la eficiencia en el cumplimiento del objetivo.

Pero esa concepción privilegiada, por su función legitimante y legitimadora, no explica ella sola la dinámica contradictoria que se construye con lo real histórico. En el caso específico que nos ocupa, diríamos que no explica las "resistencias" que hacen posible también otros sujetos epistémicos constituidos en concepciones alternativas.

En efecto, si bien el sujeto epistémico "tradicional" está marcado por una posición privilegiada históricamente, de tal manera que aparece como representación, copia, acumulación, también es cierto que ese sujeto claramente escindido o, para decirlo en términos positivos, ese sujeto "epistémico policognitivo" es un tejido de pulsiones encontradas, de maneras de operar contradictorias que podrían explicar lo que hemos llamado la resistencia. No hay un sujeto sincrónico del que predicamos que es positivista por ser absolutamente coherente y consecuente. Hay una diversidad de sujetos epistémicos diacrónicos de los cuales predicamos que son positivistas porque hay una tendencia, privilegiada en unas condiciones históricas especificas, a actuar—pensar como si el mundo fuera representación. Sin embargo, la resistencia permite que cohabiten en un mismo sujeto posturas, concepciones que también lo instituyen, como parte de su identidad y que, o son complementarias, o se oponen radicalmente; dejándose ver tal "contradicción" en las mediaciones constituidas por los ámbitos de aplicación de los juicios que pueden ser morales o racionales. En tal sentido se puede explicar por qué en la misma institución, y aun en los mismos sujetos, se presentan también otras concepciones, o por lo menos dudas con respecto a la validez absoluta de la concepción predominante.

En fin, en la base de esa opinión generalizada de que la pedagogía es cuestión de método, encontramos la constitución de un sujeto epistémico que, por condiciones históricas, es la reproducción de posturas sobre lo que se entiende por conocimiento y, a la vez, es el "lugar" donde se legitiman también de manera dominante unas concepciones, sin que por ello se cierren las posibilidades de reorganización de dicho sujeto de tal manera que se vean privilegiadas otras alternativas. Estas ideas debieron ser en su momento intuiciones que me permitieron seguir adelante en la tarea de buscar alternativas para continuar con el curso de filosofía.

Hoy, y gracias también al juego de interacciones que se van dando con los colegas de la UPN, especialmente con los compañeros de los postgrados en Docencia Universitaria y Evaluación Escolar, he logrado desarrollar la idea de que las concepciones de conocimiento que nos instituyen como sujetos epistémicos, es decir como sujetos que conocemos, determinan lo que hacemos y/o dejamos de hacer en el salón de clase[3]. De tal suerte que proponerse un

---

3   Dichas concepciones no han sido elegidas voluntariamente por los sujetos, pues somos un producto cultural-histórico y esas concepciones ha-

cambio significativo en la actividad educativa, sin pasar por un proceso de reorganización del sujeto epistémico que también somos, constituye una empresa bastante descontextualizada, incluso un falso problema.

En el salón de clase, por ejemplo, los estudiantes como sujetos de conocimiento también suelen constituirse en un freno para las innovaciones educativas. A pesar de que, como lo muestra el trabajo de tesis de Azucena Sánchez (1995), la imagen de docente que los alumnos tienden a privilegiar es la de maestro amigo, también es cierto que en última instancia el conocimiento entendido como información aparece, desafortunadamente, como el patrón de validez y medida del éxito alcanzado, tanto por parte del maestro como del estudiante, al evaluar el "nivel de logro" y la "calidad académica".

De la anterior afirmación puede dar fe, igualmente, la experiencia con los estudiantes de 10 y 11 grados del colegio Abraham Lincoln. Fue prácticamente, para el docente que era, una de las experiencias de docencia—investigación más ricas con estudiantes de bachillerato. Con ellos se comenzó la lectura de textos como el *Teeteto* de Platón, *Elogio a la dificultad* de Estanislao Zuleta, *Sobre la lectura*, del mismo autor, entre otros, con el fin de posibilitar procesos de lectura, escritura e interacción alternativos.

El horizonte era ejercitar las competencias cognitivas en busca de una mayor complejización del sujeto; lo que en ese momento denominaba "autoestructuración" del sujeto[4]. Lo primero que hubo

---

cen parte del tejido consciente e inconsciente que nos constituye y que nos permite afirmar que somos sujetos. Las concepciones hacen parte de nuestra identidad cultural, que es consciente e inconsciente.

4   Es una de las razones por las cuales los objetivos, que me veía institucionalmente forzado a redactar, aparecen como: "crear condicio-

que cambiar en ese colegio fue la intensidad horaria, pues 45 minutos estaban pensados en función de que al docente no se le acabara la carreta o que los alumnos no se cansaran con una materia tan pesada. En tal sentido la noción de "bloques" se impuso para que el trabajo de construcción tuviera mejores posibilidades[5].

Cada "sesión", como terminaron llamándose con los estudiantes los encuentros, era un espacio para las lecturas individuales y de grupo, o para la escritura practicada de manera individual y grupal, o para las plenarias generales de discusión sobre lo escrito por los mismos estudiantes. Igualmente para la filmación[6] de tales discusiones que terminaban siendo verdaderos debates entre puntos de vistas diversos sobre un mismo libro.

Realmente las discusiones llegaban a alcanzar niveles de complejidad significativa. Hubo momentos en los que, sin ningún propósito previo, los estudiantes tendían, en el calor de los desarrollos que se estaban dando, a convertir las sesiones en espacios de discusión pedagógica sobre la vida académica del colegio. A propósito del proceso mayéutico del *Teeteto,* por ejemplo, se preguntaban por lo que hacían en esta y otras clases, por los procesos mismos. Se veía en el fondo la interiorización de un proceso que necesariamente tocaba su mundo académico en general. Pero hasta

---

nes de autoestructuración teórica de los estudiantes[...]", los cuales se encuentran registrados en los parceladores de aquella época.

5   A pesar de lo que pueda pensarse, el cambio no fue fácil. La idea tuvo que venderse a los estudiantes haciendo aparecer el cambio como benéfico, pues ya no tendrían que preparar ocho materias diarias sino cuatro o tres según el caso. Estas razones eran más convincentes que las de tipo epistemológico y padagógico que lo motivaron.

6   De las cuales quedaron 14 videos sin editar y sólo uno ha sido editado hasta el momento.

aquí hemos descrito positivamente la experiencia. Sin embargo, simultáneamente, a pesar del entusiasmo que lograba despertar en una buena parte de los estudiantes el proceso, sobre todo en los momentos de discusión, aparecían permanentemente las peticiones de la clase tradicional por parte de los alumnos. "La lectura es muy difícil", "no tenemos bases para entender a Platón", "hace falta una explicación antes de comenzar a hacer la lectura para poder entender bien". Estas y otras expresiones obligaban a encauzar el hilo hacia "largas explicaciones"[7] sobre la lectura como producción de sentido, hacia el reconocimiento de las múltiples lecturas de un mismo libro, etc. Que las cosas se dieran simultáneamente fue algo que me llamó la atención sobremanera. Cómo era posible que un mismo estudiante que acababa de hacer una acalorada discusión sobre lectura en donde criticaba fuertemente la idea de que en el texto hubiera un sentido único, "lo que el autor quiso decir" y propusiera una lectura como producción de posibles sentidos, dijera que "el ejercicio en el curso de filosofía es muy importante porque nos enseña a pensar pero no hemos avanzado nada para las pruebas del ICFES".

Eso definitivamente parecía inaudito. Incluso, en esa época, desilusionante para el docente que iba del cielo al infierno y viceversa arrastrado por las respuestas de sus estudiantes frente al proceso que estaban siguiendo. Sin embargo, lo inaudito se presenta hoy, gracias al desarrollo de la investigación sobre las concepcio-

---

7   Las que aparentemente permitían continuar; sin embargo, no eran definitivamente asimiladas en toda su dimensión por los estudiantes. Prueba de ello era que a la siguiente sesión o con la siguiente lectura podían nuevamente expresar los mismos puntos de vista sobre la dificultad de la misma. Y, aún más, las evaluaciones sobre el proceso, que hacían al finalizar el año o el semestre o simplemente una lectura, estaban llenos de este mismo tipo de afirmaciones. Por una parte, se reconocen las virtudes del proceso en función del desarrollo del pensamiento, pero por otra, se pide clase, información, preparación para las pruebas del ICFES.

nes de conocimiento, como una consecuencia necesaria del largo proceso de constitución del sujeto que hemos denominado policognitivo. Sujeto que, a riesgo de parecer redundante, también constituye la subjetividad epistémica de los estudiantes. Son las concepciones de conocimiento que instituyen a los sujetos las que permiten esta doble posición cuando una práctica tiende a no legitimar la dominante.

Por otra parte, he encontrado en el camino excelentes maestros que buscan, igualmente, superar las dificultades que introduce la pedagogía tradicional en la formación de los alumnos; sin embargo, también he notado que un amplio número de ellos ha llegado al replanteamiento de sus metodologías por razones distintas a una pregunta sobre la naturaleza del conocimiento. En la mayoría de los casos la idea de cambiar la pedagogía tradicional aparece como consecuencia de constatar un evidente fracaso de los métodos transmisores en los procesos de formación, o frente a los "bajos niveles de rendimiento escolar" que se presentan en las instituciones educativas, así como ante el "bajo rendimiento" de los estudiantes en las pruebas del ICFES, o la falta de motivación de estos y del maestro en relación con lo que sucede y "lo que se aprende" en las clases. Ante tales hechos, los planteamientos de la psicología cognitiva en relación con los aprendizajes significativos (cf. Pozo, 1991— 1992.) parecen imponerse (casi que de manera acrítica y, como dirían los investigadores del pensamiento práctico de los docentes, como una "creencia") a este grupo de maestros por ser la respuesta más a la mano para "superar" tales problemas.

Como la preocupación por el "cambio" no procede de una indagación por el sentido de la práctica educativa, por una pregunta abierta en torno a la naturaleza del acto educativo, sino por una razón más de tipo instrumental que indaga por el cómo lograr los objetivos propuestos en la concepción tradicional de educación como recontextualización y transmisión cultural, entonces difícilmente se compromete un cambio de paradigma. No son las relaciones con el saber y con la concepción de conocimiento que instituye a los sujetos, por ejemplo, las que son cuestionadas, lo que pondría en crisis una concepción de educación toda vez que ella se sostiene también en dicha concepción de conocimiento; no es, en fin, la indagación por el sujeto epistémico que somos y por las condiciones que lo hicieron posible, la que explica la necesidad o la propuesta de cambio. Son los "bajos resultados en la obtención del saber" lo que motiva a hacer otra cosa, en este caso, a "asumir" como válidos unos principios que prometen unos mejores resultados en relación con los fines propuestos: que el alumno posea un conocimiento, pero en este caso significativo, es decir, que integre a sus estructuras precedentes una información nueva, que la *acomode*[8] a su saber anterior; y, por lo tanto, a asumir estrategias supuestamente dinámicas que favorecen este aprendizaje significativo. No estamos diciendo que necesariamente estos sean los fines de las propuestas cognitivas; sólo afirmamos que una incorporación acrítica de las mismas conduce a este tipo de prácticas.

Así, pues, los planteamientos de la psicología cognitiva son asumidos, por este grupo de docentes, como principios epistemológicos que pasan a constituir el *corpus* de la nueva pedagogía activa[9] a la cual hacen consistir en metodologías activas. Lo que

---

8   Esta acomodación puede también entenderse como una reacomodación del sujeto.

9   Tendríamos que mirar si la racionalidad que permite tal acomodación no es la misma racionalidad técnica, o sus vestigios, que dio origen a la técnología educativa. Si es así, nada más opuesto a la idea de que la epistemología se va convirtiendo cada vez más en asunto de las propias disciplinas, pues aquí es la ciencia psicológica la que determina los principios dentro de los cuales el saber, o más exactamente la investigación pedagógica, es válido. Pero, para evitar malos entendidos, es necasario afirmar, igualmente, que la colaboración interdisciplinaria, la investigación interdisciplinaria, es distinta a la pretensión de fundamentación de una disciplina a otra, o por otra.

podría considerarse como uno de los aportes fundamentales de la investigación cognitiva: poner a pensar al pedagogo en sus propias investigaciones (investigación en el aula o investigación en la escuela) sobre la naturaleza de aquello que "manipula" y que ha dado por largo tiempo como supuesto, a saber: la concepción de conocimiento[10], no es tomada como pre—texto para un análisis crítico o una interpretación contextualizada que permita reorganizar los sujetos epistémicos que esta cultura privilegiadamente positivista ha posibilitado. Tal reorganización, sin embargo, parece cada vez más urgente si se quiere una significativa transformación educativa, por lo menos en la escuela. Razón por la cual la investigación se ocupa de ella.

En los anteriores planteamientos se puede ver dibujado un marco contextual desde el cual, puede afirmarse, se hace posible la investigación. El problema de la investigación es tanto una emergencia que permite comprender la edificación del sujeto investigador, como una construcción histórica que explica un desarrollo de conocimientos. Por una parte, la historia personal hace posible que un sujeto específico se plantee un problema particular con sentidos particulares, pero por otra parte dicho problema y dicha historia personal se inscriben dentro de un contexto más amplio desde el cual el problema parece posible como "parte" de un proceso más complejo, en este caso el proceso educativo en general.

---

10   Se está lejos de afirmar que el problema fundamental de la escuela sea el conocimiento. Lo que es relevante y hace necesario cualquier intento de investigación al respecto es que los sujetos, como producto de la cultura occidental, que de hecho se ha planteado el problema del conocimiento, están constituidos también como sujetos epistémicos desde concepciones sobre la naturaleza de aquel y que tal proceso de constitución, que lo es también de identificación, determina, o por lo menos tiene que ver de manera determinante con lo que hace. Para este caso, con lo que el profesor hace en el salón de clase.

Así, el problema a investigar es más el producto de unas condiciones históricas de constitución de los sujetos, que una elección voluntaria y programada.

ANTECEDENTES TEÓRICOS

EL PENSAMIENTO PRÁCTICO DE LOS DOCENTES

No cabe duda de que las propuestas reformistas por parte de los gobiernos, como respuesta a la crisis educativa, así como las respuestas masivas de diferentes organismos nacionales e internacionales tales como los sistemas nacionales de evaluación (cf. MEN, 1994: 49—52), entre otros, no constituyen más que la legitimación de un viejo sistema convertido, hace tiempo, en un obstáculo a cualquier acción seria encaminada a fortalecer los niveles de cualificación de la cultura escolar. Querer plantear un sistema masivo de evaluación, por ejemplo, de cualquier ámbito educativo, como un pretexto de investigación cualitativa, termina siendo, necesariamente, un arma de doble filo por la imposibilidad real de que sean los mismos maestros quienes en su contexto realicen la investigación, por el contrario, desde la mirada masiva serán los "expertos" quienes después de investigar con base en la información recogida harán propuestas de cambio, siempre descontextualizadas.

Lejos de esas pretensiones masivas y siempre masificantes, la investigación en la escuela y la investigación en el aula constituyen una alternativa verosímil. En primer lugar, porque no se trata de un saber externo a los sujetos de la escuela, que viene a iluminar su oscuridad, y en segundo lugar porque dicha investigación parte del reconocimiento del contexto como el tejido inseparable que constituye a los sujetos y del cual sólo ellos pueden dar cuenta en un proceso transformativo.

Tradicionalmente las investigaciones en el campo de la educación, fundamentalmente las de corte experimental, se centran en elaborar una pro*puesta* de cambio, después de haber diagnosticado la realidad[11]. Propuesta siempre tardía ya que no involucra el cambio de los sujetos y de las condiciones que los explican en el proceso mismo de la investigación; por el contrario, dicha investigación pretende inmovilizar al sujeto, pensándolo como objeto de estudio, con el fin de garantizar imaginariamente una imposible objetividad. De esta manera se pierde la única posibilidad real de transformación de la escuela, toda vez que el poder subversivo de la producción colectiva de sentido sobre las propias prácticas queda domeñado, atrapado en la lógica racionalista del instrumento. La propuesta como instrumento, la propuesta desde cualquier sentido, constituye un aparato socialmente constituido para obstaculizar el pensamiento crítico: la capacidad que los sujetos deberían tener para pensarse en el aquí y el ahora y para pensar lo que ese aquí y ese ahora representan como condición para posibilitar o frenar su desarrollo.

No obstante, lo que llamamos investigación en el aula o investigación en la escuela, no es en sí misma una panacea; ella está sujeta a la condición fundamental: la mediación del sujeto que la produce. Antes que preguntarse por los criterios, reglas, principios que caracterizan la investigación en la escuela de corte cualitativo, hay que preguntarse por el tipo de subjetividad, por los principios que constituyen al sujeto que emprende la investigación, o más exactamente por el tipo de subjetividad que podría encontrarse en estado de investigación permanente.

---

11   Es cuestión de mirar la mayoría de informes que en el país se presentan como requisitos para optar a títulos de magister. En estos abundan las *propuestas* para cambiar el mundo educativo, las cuales aparecen como el resultado de una investigación que supuestamente da cuenta de la terrible realidad que va a ser corregida, transformada por esas propuestas, siempre *a posteriori*.

El peligro de no volver sobre sí mismo

Vamos a mostrar cómo lo que hoy en día constituye una alternativa verosímil para incitar la transformación de la escuela, puede terminar siendo una estrategia de legitimación de lo establecido o, lo que es peor, de fortalecimiento de lo viejo que ha demostrado su inadecuación histórica.

Un tipo de investigación en la escuela que se propone como salida a los inadecuados cursos de capacitación centrados en la "actualización de datos", en la "transmisión de información actualizada por parte de los expertos", es la investigación sobre el pensamiento práctico de los docentes. Sin embargo, los efectos de este tipo de investigación sobre la transformación de las prácticas difieren dependiendo del tipo de racionalidad que medie el proceso y ante todo de la posibilidad que dicha racionalidad tenga para volver sobre sí misma en una actitud decididamente crítica.

Pretendo mostrar, en lo que sigue, cómo la investigación sobre el pensamiento práctico de los docentes se viene realizando, en un sector de la comunidad académica, sin volver sobre la racionalidad que constituye a los sujetos investigadores, convirtiendo así este tipo de investigación en un instrumento de legitimación de la racionalidad técnico—instrumental y en un dispositivo más para expulsar la diversidad de las aulas. Al mismo tiempo deseo afirmar que la investigación del pensamiento práctico de los docentes es fundamental y propicia cambios significativos cuando se realiza mediada por una subjetividad dinámica, que es capaz o se hace capaz de volver sobre su propio proceso de constitución para explicitar lo que en ella hay de poder, socialmente constituido, para legitimar o trastocar los órdenes arbitrariamente instituidos.

En el análisis a la bibliografía revisada se puede encontrar una amplia gama de posiciones teóricas en relación con la línea de investigación sobre el pensamiento práctico de los docentes, con la cual los investigadores, al desarrollarla, pretenden incidir en la acción pedagógica a partir de la explicitación de dicho pensamiento.

Tales posiciones teóricas se pueden caracterizar o diferenciar, haciendo explícitos los criterios epistemológicos de clasificación que las sustentan. He considerado pertinente realizar este análisis partiendo de la valiosa recopilación que realizó María Jesús Gallego (1971: 287—323). En el artículo al que me voy a referir aparecen tres criterios que, sin ser suficientemente explícitos en la clasificación que hace la autora, posibilitan entender la organización que ella hace de las categorías propuestas por diversos autores. Se espera mostrar en el análisis, por qué un proceso de explicitación del pensamiento práctico de los docentes debe tomar otro rumbo, otra perspectiva epistemológica, asumiendo por lo tanto otros criterios.

A continuación se identifican tres de esos criterios que parecen determinantes en las categorizaciones propuestas por diferentes autores, para acercarse a la comprensión e interpretación del pensamiento de los docentes.

LA ARTICULACIÓN DE LOS PENSAMIENTOS

Un primer criterio que aparece en el artículo de la autora y que sirve para entender la clasificación, pero también para comprender las categorías propuestas en esta línea de investigación, es lo que podemos llamar el *nivel o grado de articulación* de los pensamientos por parte del docente. Esta articulación tiene dos direcciones: por una parte, se trata de la articulación de unas proposiciones con otras dentro de un mismo enunciado; por otra, de la articulación de las proposiciones con la acción a la que supuestamente se refieren, cuando es el caso, o la acción a la que posiblemente no se refiere la proposición, pero que hace parte de la cotidianidad de quien está predicando. De la mayor o menor articulación, en cada caso, depende el nivel de valoración o, más exactamente, de validación que se le otorga al pensamiento de los docentes. Tal nivel de validación atraviesa por una escala de clasificación que va desde las "creencias", colocadas a la base y concebidas como ideas sin ningún tipo de articulación con la acción —ya que ellas son sólo el producto de una adhesión acrítica a la opinión de la mayoría—, hasta las teorías de la acción que enfatizan en la acción misma y que guardan un nivel de coordinación adecuado con ella.

Por otra parte, y en relación con el grado de coordinación de las ideas entre sí, puede encontrarse, por ejemplo, en el tratamiento de las "estructuras de conocimiento" la idea, curiosa por demás, de que "porque el conocimiento de los expertos está bi*en organizado*, acceden y procesan su conocimiento *eficientemente[12]*" (Gallego, 1991: 313). Si los "expertos" tienen bien organizado o no su conocimiento, es cosa discutible; sin embargo, lo que sí se puede reconocer es que es al criterio de *organización* al que se recurre para aludir a las "estructuras de conocimiento" que poseen los así llamados "expertos". Es decir, que este criterio se convierte en eje de clasificación y categorización de la información sobre el pensamiento de los docentes.

Sin embargo, Elvaz (1983), entre otros, citado por la autora, pone en tela de juicio la validez de ese criterio de organización, desde una noción de conocimiento que niega su necesaria y única organización estructural.

---

12 Los subrayados son míos. Deseo llamar la atención sobre los dos conceptos que se relacionan en el párrafo: organización y eficiencia. Estos conceptos hacen parte de la constitución de la racionalidad técnico-instrumental y, como veremos, se introducen como medida de la validez del pensamiento práctico de los docentes en las investigaciones que se están analizando.

Quiero examinar entonces, a mi manera y brevemente, este criterio constitutivo de la subjetividad que clasifica la información, para ponerlo a él, antes que al pensamiento de los docentes, en tela de juicio. En primer lugar, el criterio presupone la validez o no de los pensamientos, según se encuentren en un nivel de articulación lógica aceptable; un pensamiento "deshilvanado", falto de articulación, carece de validez y es clasificado como una creencia que debe ser superada con ayuda de los "expertos". De paso es importante señalar que desde este principio de clasificación se ha llegado a la conclusión de que un alto porcentaje de los maestros del mundo está muy mal, pues a nivel pedagógico y a nivel de los saberes específicos no tienen más que creencias.

Pero ¿a qué lógica se está refiriendo el "experto investigador" que hace la clasificación? ¿Cuál es el nivel de articulación de las proposiciones que constituyen el pensamiento complejo de la humanidad?

Por lo menos en la revisión realizada, los autores se refieren a la lógica formal. Un pensamiento de un docente es válido en cuanto corresponda con los principios organizativos de la lógica formal. Filosofar a golpe de metáfora (cf. Nietszche, 198)[13], pensar también más allá del principio de razón suficiente (cf. Derrida, 1989), puede ser visto como una falta, clasificado como una creencia e interpretado como una debilidad del pensamiento mismo. A pesar de ello son innumerables los casos en los cuales puede notarse, en la historia del pensamiento, cómo los "sistemas" encuentran en la

---

13   Si bien toda la obra Nietzscheana es una demostración de cómo filosofar a golpe de metáfora, es interesante confrontar lo que afirma él sobre este aspecto en los siguientes apartes de *La Gaya Ciencia*: *"del origen de la poesía"*; *"prosa y verso"*; *"dos oradores"*; *"origen del conocimiento"*; *"origen de la lógica"*, entre otros.

metáfora[14], en innumerables ocasiones (al punto de poder predicar este hecho como condición *sine qua non*), su posibilidad de desarrollo.

Para dar un ejemplo, y a riesgo de quedarnos en vagas generalidades, tomemos como caso paradigmático a Descartes[15]. Este autor, como todos sabemos, pretendió encontrar la certeza, que cada vez se debilitaba más en él después de haber leído, viajado y estudiado mucho, en lo que para él era el único método digno de fiar: el método matemático (cf. Descartes, 1984: 9—40). Para ello recurrió a la estrategia de la duda; dudar de todo lo que hasta el momento había dado como verdadero. Sin embargo, dudar de todo es un principio "racionalmente" paradójico. Para dudar de todo hay que moverse en la paradoja (hay que dudar de la duda y de que se está dudando), la cual no es un principio constitutivo de la validez propiamente lógica. La paradoja, por definición, es un problema que devela la falta de lógica de un pensamiento. Sin embargo, el sistema de Descartes se construye sobre esa paradoja: dudar de todo sin dudar de que se está dudando y, lo que es más interesante, se resuelve al interior de dicha paradoja, pues Descartes debe terminar reconociendo que él, que duda, no puede dudar de que está dudando; yo que dudo debo ser algo, por lo menos una cosa que duda: "dudo, luego soy" (Descartes, 1984: 65). La "certeza" ra-

---

14   Es de anotar que la metáfora constituye, en este escrito, sólo un ejemplo de las múltiples posibilidades de pensamientos alternativos a la organización lógico-formal de la argumentación.

15   Este caso puede ser paradigmático toda vez que nos vamos a referir a un autor que ha sido reconocido por la historia de la filosofía como el precursor de la "racionalidad técnica" de occidente. Pero fundamentalmente porque su proyecto de hacer que todas las ciencias, entre ellas la filosofía, se organicen conforme al método matemático lo hace relevante para la paradoja que deseamos poner a consideración.

cional cartesiana se construye y se apoya, entonces, en un abismo lógico. Pero sin esos abismos el sistema no podría desarrollarse. Los cuatro preceptos morales provisionales que Descartes asume, sin ninguna duda, y que constituyen para él ese cuarto dónde resguardarse de la intemperie (1984: 17—21), dan cuenta nuevamente de la imposibilidad de escapar de lo abismal, de la necesidad de apoyarse en el abismo, de la necesidad de creer, en última instancia, en la certeza y de construirla, aun imaginariamente, en la incertidumbre.

Clasificar el pensamiento de los docentes desde el principio de grado de articulación lógica deviene, a la luz de esta reflexión, en un acto ilegítimo, por cuanto se apoya en un error de comprensión epistemológica o, por lo menos, en una mirada epistémica cerrada que considera una manera de ordenar lo real como la única válida. Los grandes "sistemas" de pensamiento se han construido, la lectura de los textos así lo atestigua[16], a golpes de metáforas; a veces contra, pero desde la metáfora. ¿Cómo pretender entonces validar o invalidar el pensamiento de los docentes desde un principio que en rigor no puede ser cumplido dada la naturaleza compleja del pensamiento humano? Introducir ese obstáculo epistemológico tiene las siguientes implicaciones:

a. La clasificación se convierte en una mirada punitiva que, desde el supuesto de validez lógica, flagela a los docentes por estar constituidos desde una subjetividad histórica que, como veremos más adelante, lejos de ser un sistema cerrado de proposiciones lógicas, es un complejo tejido policog-

---

16 Una lectura que explicite la polifonía en los grandes metarrelatos, es suficiente para deslegitimar la visión unívoca de la cultura textual. La idea de una cultura sistemática donde hable una sola voz desde una lógica consecuente, no deja de ser un proyecto inacabado.

nitivo de sentidos diversos que una investigación seria debe explicitar. No es raro que estas investigaciones hayan contribuido a desmejorar la imagen social del educador, toda vez que han denunciado la falta de solidez y validez de su pensamiento. A este tenor, son los maestros los culpables de la baja calidad educativa, pues no se preparan suficientemente hasta lograr un sistema de pensamiento organizado. Pero... ¿organizado conforme a qué? ¿A la lógica de qué filosofía de las ciencias? La denuncia mencionada se convierte así en una valoración negativa de todo aquello que no corresponda con la lógica de organización hegemónica y va en detrimento del pensamiento práctico de los docentes.

b. La clasificación del pensamiento de los docentes en creencias, constructos, entre otros, realizada desde el principio en mención, legitima y promueve la existencia, en la escuela, de un tipo de racionalidad hegemónica como única válida.

c. Ese tipo de investigación pretende y de hecho logra expulsar la diversidad propia constitutiva de las aulas y de la escuela. Un maestro con un pensamiento lúdico, un maestro que se reconoce constituido en un pensamiento complejo y que vive, como lo permite pensar Morin (1994: 240—243), en consecuencia con la incertidumbre de la construcción permanente, lo cual implica convivir con la metáfora, con la duda, con la crisis de la lógica, no puede encontrar reconocimiento más que como un pensamiento "desviante" y, por lo tanto, la mala evaluación y los cursos de capacitación buscarán convertirlo al orden de la racionalidad reconocida, aún inconscientemente, como hegemónica.

Otro criterio que parece estar guiando la construcción de las categorías para referirse al pensamiento de los docentes, es el de el *grado de predicción y control* sobre el entorno que dicho pensamiento permite. Por ejemplo, las "creencias", que por definición están "en interrelación con una dimensión de probabilidad subjetiva" (Gallego, 1991: 299), no permiten una predicción y un control objetivo del entorno; además, porque la creencia, a diferencia de los esquemas, no es reflexiva, no está mediada por un acto o proceso de reflexión; sin tal mediación el acto de predicción es imposible.

No cabe duda de que los conceptos de predicción y control hacen parte de la lógica de la racionalidad técnico instrumental que pretende encontrar regularidades en los procesos con el fin de postular formas concretas de reproducción y/o manipulación. Los procesos concebidos como etapas o cambios sometidos a una constante, son susceptibles de ser controlados, siempre y cuando se logre predecir la lógica de su comportamiento futuro, gracias a la comprensión o conocimiento de las leyes que lo regulan. Esta manera de pensar, en las ciencias llamadas duras, cada vez tiene menor eco ante la emergencia de ideas mucho más complejas, a saber:

— Que los procesos, lejos de ser una serie de etapas que se suceden en el tiempo lineal, deben ser pensados como una rica unidad de múltiples determinaciones las cuales aparecen como dinámicas, fluctuaciones, tensiones, y que, por lo tanto, la idea de una relación causa—efecto, en el orden lineal, no permite comprender su complejidad; por el contrario, es un obstáculo epistemológico. La noción de ley guarda relación con esa manera inadecuada de entender el proceso y, en consecuencia, constituye, igualmente, una forma inadecuada de explicación.

— La noción de relación de incertidumbre de Heissenberg (cf. 1985) introduce, para efectos de la investigación, serias dudas sobre la pertinencia de seguir a ultranza un programa de investigación que parta del reconocimiento de un mundo objetivo como piso de los programas de investigación. Por el contrario, el programa mismo debe ser entendido como punto de partida, pero provisional, debe ser comprendido sólo como el pretexto para salir a la "caza" de "cosas" no predecibles, no controlables inicialmente; para "oír", para poder pensar la "perturbación" como un pensamiento alternativo que históricamente se viene cociendo y que podría significar la reorganización de todo un campo del "saber". Reorganización de la que los sujetos no son plenamente conscientes sino hasta el momento en que esta "voz histórica" se deja —se puede— "oír". La idea de predecir y controlar se convierte entonces en un obstáculo que oculta otras construcciones posibles, a veces radicalmente distintas al ordenamiento de la "mirada" inicial. Así, según Heissenberg

> *Las leyes de la naturaleza versan (en la teoría cuántica) sobre la modificación temporal de lo posible y de lo probable. Pero las decisiones que conducen de lo posible a lo fáctico sólo cabe registrarlas estadísticamente, no predecirlas[17].*

En el caso de la "realidad" educativa las cosas son más evidentes. Pretender controlar la acción educativa en función de los objetivos institucionales, como en el caso de la tecnología educativa, sólo puede traducirse en una imposibilidad epistemológica para comprender dicha acción y así expulsar de la misma las condiciones de interacción. Un maestro preocupado por el control del proceso y, lo que es peor, por las condiciones para garantizar el cum-

---

17   El subrayado es mío.

40

plimiento de los objetivos, se condena a un enceguecimiento frente a la dinámica de la realidad intersubjetiva. La "mirada" tecnicista del maestro que pretende controlar y predecir las complejas acciones intersubjetivas que se desarrollan en la escuela, debe expulsar todo lo que se ponga fuera de control y amenace con poner en riesgo el plan establecido. Esto obviamente se convierte en una enajenación de los procesos reales desde el punto de vista de los sujetos (maestro—estudiante), pues dichos procesos trascienden el plan programado con anterioridad ya que la naturaleza de las relaciones humanas es fundamentalmente la incertidumbre; sin embargo, el maestro continúa su acción como si controlara lo que, por principio, se le escapa.

Es técnicamente imposible predecir y controlar lo que sucede en un salón de clase, sobre todo si se tiene en cuenta que lo que allí sucede escapa siempre a la voluntad y consciencia de los sujetos; es decir, si se tiene en cuenta lo que algunos autores han dado por llamar, por ejemplo, las pedagogías invisibles, que de alguna manera aluden a esa instancia del inconsciente individual y colectivo que se juega en gran medida en las relaciones en general y en las relaciones maestro—estudiante en particular. Ahora, si lo pensamos epistemológicamente, la pretensión de predicción y control constituye un obstáculo, un freno contra el desarrollo posible de los sujetos, pues imposibilita la explicitación colectiva de ese inconsciente, toda vez que, por principio, dicha explicitación no es susceptible de ser controlada.

Clasificar entonces el pensamiento de los docentes desde la perspectiva del grado de predicción y control de la realidad educativa, es introducir un obstáculo más que tiene las siguientes consecuencias:

— Legitima la tecnología educativa como racionalización de la realidad educativa. Racionalización siempre tardía, pues, como sabemos, no consigue su propósito evidente: ni predice ni controla, sólo obstaculiza el desarrollo de los sujetos. El pensamiento de los docentes no debe tender a controlar la acción educativa; por el contrario, debe estar atento a deconstruir todo lo que pretenda controlarla, cosificarla.

— Coloca un velo que imposibilita al maestro pensar el aula de clase como un ámbito de investigación.

La orientación de la acción

Por último, el tercer criterio que puede encontrarse como posibilitador de la categorización del pensamiento de los docentes, en el texto de Gallego, es el de capa*cidad de orientación de la acción* por parte de aquel. A diferencia del criterio de predicción que consiste en una acción para controlar los efectos desde el conocimiento de las condiciones o las causas, la orientación es más una posición estructural de una idea respecto a la totalidad de la acción. En tal sentido, lo que hace diferente a un "esquema" de una "creencia", desde este criterio, es que el esquema constituye una estructura de la mente que, siendo hipotética, orienta la acción; por el contrario, la creencia, siendo una adhesión acrítica a una opinión general, no guarda una relación estructural con la acción y por lo tanto no puede servir de orientación. Una falsa concepción, como de hecho es valorada la creencia desde estos principios, no puede orientar adecuadamente la acción.

Este principio presupone, da por sentada, la escisión entre pensamiento y acción. Se puede clasificar una información en relación con la posición de consecuencia o inconsecuencia que guarda con la acción, sólo cuando se concibe que el pensamiento y la acción son dos cosas distintas. ¿Y acaso puede ser de otra manera? El hecho de que los maestros mismos se acusen permanentemente de decir una cosa y hacer otra, ¿no es una evidencia de que el pensamiento y la acción en los maestros son cosas distintas? Por lo tanto, ¿no es verosímil creer que un pensamiento puede ser verdadero si orienta la acción y falso si se opone a ella, o si simplemente es inconsecuente con ella? Sin embargo, y a pesar del peso de la evidencia, voy a arriesgar la tesis de que es imposible que un sujeto piense una cosa, si realmente la piensa, y actúe inconsecuentemente con su pensamiento, pues el sujeto en condiciones normales no está escindido. Si por pensamiento se entiende el tejido de sentidos que constituyen voluntaria e involuntariamente al sujeto que actúa, podrá entenderse que la acción está mediada siempre por un pensamiento; es más, que la acción del sujeto se teje como sentido, el sentido que lo constituye y que media su acción. ¿Entonces por qué unos sujetos aparecen en la escuela diciendo una cosa y actuando aparentemente de otra manera?

Desde hace un tiempo la idea de que el sujeto es una unidad diversa, constituida de múltiples sentidos, ha hecho carrera frente a la idea de un sujeto estructural—sistémico en la psicología oficial. Desde Platón, por ejemplo, se hablaba en términos de "conjunción llamada hombre" (1990: 156c) para hacer referencia a la complejidad de sentidos que instituyen al sujeto. Pero en tiempos contemporáneos, autores como Morin, por ejemplo, igualmente reconocen que las culturas —que son el adentro del sujeto, en tanto que el adentro es el afuera—,

> *yuxtaponen, alternan, oponen, complementarizan*
> *una gran diversidad de principios, reglas, métodos*
> *de conocimiento (racionalistas, empiristas, místicos,*
> *poéticos, religiosos, etc.) (1992: 21—22).*

Yo mismo he hablado del "sujeto policognitivo" para referirme al hecho de que los maestros se presentan como sujetos instituidos y constituidos en diversidad de concepciones de conocimiento y que, por lo tanto, hay que reconocer esa diversidad como la realidad subjetiva epistémica que se presenta en la escuela (cf. Perafán, 1995 y 1996). Si eso es así, si el sujeto es policognitivo, si debe entenderse como "diversos centros—sujetos de referencia" (Morin, 1992: 22), entonces no debe asombrarnos que un mismo sujeto en ámbitos históricos distintos, sin necesidad de ser mentiroso, realice acciones diversas, incluso contradictorias, y no por eso su acción deja de estar mediada por lo que él, como sujeto, es y piensa; sólo que dependiendo del ámbito, históricamente determinado, en el que se encuentre el sujeto, se dispara, como dispositivo; una acción en consecuencia con el ámbito y con uno de los sentidos que instituyen a dicho sujeto (el que esté en relación con lo que el ámbito exige como respuesta).

En todo caso nada se avanza culpando al docente de mentiroso e inconsecuente. Parece más prudente reconocer que los distintos ámbitos constituidos históricamente determinan la emergencia de una acción que le es propia, en términos culturales, y que el paso de un ámbito a otro actúa en un docente como un cla*roscuro* que no permite ver con claridad su aparente contradicción y que hace que el maestro se piense y se viva como un sujeto que responde a una sola lógica.

Para ilustrar esta idea podemos tomar en consideración el ámbito de las reuniones académicas y el ámbito de la clase. Tradicionalmente el ámbito de las reuniones académicas es considerado como un espacio de debate académico de tal suerte que los maestros que participan en ellas se ven impelidos a responder en consecuencia, con intervenciones que ponen en juego las capacidades y la preocupación del sujeto por el saber pedagógico y disciplinar. En ellas no es extraño oír hablar a los docentes, desde sus concepciones diversas, de las bondades del constructivismo y de la escuela nueva, así como de las bondades de tantas otras alternativas pedagógicas. Sin embargo, igualmente, no es extraño ver a estos mismos maestros en el ámbito del salón de clase, preocupados por avanzar en la transmisión de contenidos curriculares. Ello porque el ámbito del salón de clase ha sido pensado históricamente como un lugar de recontextualización y en ese proceso maestro y estudiantes tienen que cumplir con unas funciones preestablecidas dentro del sistema, que les permite reconocerse como tales. De no ser así, aún el maestro menos responsable entraría en crisis de identidad profesional. Hay, pues, unos ámbitos que históricamente han sido pensados dentro de una lógica de funcionamiento, y son ellos los que deben transformarse para que el sujeto pueda disparar privilegiadamente sentidos de existencia distintos; sin embargo, la transformación de esos ámbitos depende también de las condiciones de los sujetos para reorganizarse. Hoy en día el ámbito del salón de clase es cada vez menos un espacio de recontextualización; a pesar de lo cual las concepciones de conocimiento desde las que se plantea la transformación de tal ámbito siguen siendo las mismas de la racionalidad positivista: conocimiento como representación, como entidad independiente de la subjetividad y, por lo tanto, la deconstrucción no ha podido realizarse a plenitud. Así, lo que parece liberarnos de lo tradicional nos vuelve y nos ata desde el sujeto epistémico que históricamente nos constituye.

Con todo, lo que puede evidenciarse es que la clasificación del pensamiento práctico de los docentes desde el principio en mención constituye un error epistemológico, por cuanto presupone que el pensamiento y la acción son cosas distintas. Pero, lo que es más importante, dicho principio oculta un problema central en la transformación del pensamiento de los sujetos y lo reduce a un problema de buena o mala voluntad del docente, a un problema de pereza individual, sin tener en cuenta que los docentes están relativamente determinados por la función que los distintos ámbitos exigen a su identidad profesional y que antes que dar buenos consejitos o imponer castigos morales por inconsecuencia, hay que crear condiciones investigativas de transformación de esos ámbitos.

Principios epistemológicos alternativos

En la investigación que vengo realizando sobre el pensamiento práctico de docentes con "muestras" de distintas regiones del país, el interés no ha sido el de categorizar dicho pensamiento por *sus niveles de validez*, debido, obviamente, a todas las razones ya expuestas. Además, porque clasificar un pensamiento en razón de su estatuto epistemológico de validez, en una época en la cual el concepto de verdad y el estatuto epistemológico mismo han entrado en crisis, constituye una empresa retardataria.

Sin embargo, no se puede caer en una posición nihilista, en la cual el derrumbamiento de todos los valores epistemológicos tradicionales inmovilice frente a la tarea de seguir buscando una existencia mejor: un maestro con mayores niveles de cualificación, una escuela más comprometida con el desarrollo integral de los sujetos.

Ha sido necesario, por lo tanto, renunciar críticamente a esos criterios de clasificación, a la vez que reconocer otros: los principios de la epistemología histórica, como criterios de clasificación que parecen más consecuentes con el enfoque de una investigación que no pretende descalificar el pensamiento de los docentes desde las categorías de verdad, eficiencia y objetividad; como sí crear espacios de intervigilancia sobre lo que culturalmente se constituye como motivo de detención del desarrollo humano. Se busca interpretar y comprender los pensamientos de los docentes por su capacidad de re*organización* y *realización*.

La idea de que históricamente se van constituyendo dispositivos legitimantes de órdenes reconocidos, al punto de que ellos enajenan los procesos de constitución de dichos órdenes, haciéndolos pasar por "naturales, así como el hecho de que esos dispositivos culturales nos instituyen y constituyen como sujetos históricos que somos, obliga a pensar en la necesidad de inaugurar programas de investigación del pensamiento práctico de los docentes desde la perspectiva de lo que en ese pensamiento hay de freno, obstáculo, para el desarrollo de los mismos sujetos.

Entiéndase que pensamiento práctico y sujeto histórico son maneras distintas de referirse al mismo acontecimiento: aquello que hace que nos podamos llamar seres culturales, aquello por lo cual la interacción humanan es comprensible. Curiosamente lo que posibilita el desarrollo, en igual medida lo obstaculiza. La cultura hay que entenderla en ese doble sentido como freno y como posibilidad. Lo que en nosotros es cultural está instituido dentro de esa tensión.

En los primeros desarrollos de este tipo de investigación he podido explicitar la capacidad de reorganización del sujeto, entendido socialmente, y la capacidad de realización de su pensamiento práctico, como ejes posibles de clasificación que, a través del ejercicio de explicitación colectiva, dinamiza los *sujetos particulares*, entendidos socialmente, al enfrentarlos críticamente a su propio proceso de inhibición, del cual son más efecto que causa.

LA NOCIÓN DE REALIZACIÓN

Contra el concepto de *verificación* propio de la ciencia positivista, Bachelard edifica el concepto de *realización;* este principio se convierte, en el trabajo científico contemporáneo, en un pretexto para superar los límites que impone a la investigación la concepción naturalista ingenua de lo real "inmediato" y, al mismo tiempo, permite reconocer la naturaleza constructiva de lo real histórico.

Uno de los autores en los que se puede encontrar la ver*ificación* como criterio de validez es Piaget[18] (cf. 1982a). La *verificación,* asumida por este autor como condición de la validez de las teorías, constituye un obstáculo epistemológico en tanto que inhabilita para el ejercicio de la razón realizante. El autor, al considerar que

---

18   Es interesante poder traer a cuento a un autor que construyó su epistemología constructivista en polémica con el positivismo y que sin embargo no pudo escapar a la petición del principio de verificación en lo real.

la metafísica tradicional se pierde en los límites de sus propias construcciones ideales (denuncia en lo esencial correcta), busca superarla; sin embargo, el camino que escoge lo hace fundamentalmente deudor de la epistemología positivista contra la cual construyó gran parte de su pensamiento. Por eso, dar un pequeño rodeo por la noción piagetiana permite entender la importancia del concepto bachelardiano, al demarcar la diferencia.

En efecto, la idea de recurrir permanente a la realidad o, lo que es lo mismo, a los hechos como jueces últimos de las elaboraciones teóricas (verificación), hace que el investigador termine irremediablemente condenado a repetir lo que dicha realidad (históricamente determinada, dicho sea de paso) permita legitimar.

Aparentemente la afirmación positivista no es problemática; por el contrario, es muy reconfortante, pues se apoya en el generalizado prejuicio del sentido común que considera la experiencia como el punto de partida y de llegada del conocimiento. Es el universo de la primacía de la experiencia sobre la reflexión. Primacía que en Piaget se ve recuperada, desafortunadamente, respondiendo a dos intereses metodológicos bien precisos:

— Uno, el de la mencionada polémica del autor contra la metafísica tradicional que, sin lugar a dudas, se queda dando vueltas sobre sí misma, como también lo denunciaba Platón, hace veinticinco siglos, en sus obras, y de manera ejemplar en la trilogía: *Apología de Sócrates, Critón* y *Fedón,* diálogos en donde, como se sabe, hace la más severa crítica al socratismo, evidenciando los límites del racionalismo omnicomprensivo el cual raya en la irracionalidad, precisamente por el abuso en el ejercicio de la razón. Esta es, pues, una crítica válida desde hace veinticinco siglos. Entonces, para salvarse de caer en las especulaciones metafísicas, Piaget introduce el principio de verificación.

— Dos, el del establecimiento de los principios teóricos que sostienen la argumentación piagetiana. Así, por principio, el autor asume que todo saber, para que sea universalmente válido, debe ser verificable en la experiencia. Sin embargo, hay que recordar que al respecto Rita Vuyk (1984:101—103) afirma en su obra dedicada al pensamiento de Piaget (reconocida por el mismo Piaget como una aproximación válida) que "la verificación es el criterio esencial para distinguir una ciencia de la filosofía o metafísica", a la vez que denuncia las limitaciones de este principio, para constituirse como determinante de la investigación en las denominadas ciencias experimentales, y con mucha mayor razón como fundamento de validez para la investigación en las ciencias sociales.

Las tesis de la autora, sobre las limitaciones de tal principio, que parecen de mayor peso en esta denuncia son las siguientes:

— Los organismos son entidades en las cuales los elementos son interdependientes, por lo tanto su aislamiento en un factor o grupo de factores se hace supremamente difícil, por no decir imposible, a no ser que este aislamiento desmembre el organismo sacándolo de su unidad "natural"; sin embargo podemos preguntar: ¿este acto, no nos ubica frente a un objeto definitivamente distinto e incluso inexplicable, toda vez que su orden interno, que lo explica, ha sido alterado? Es decir, ¿el aislamiento no es ya una transformación de lo real?

— "Los controles morales suelen limitar las posibilidades de experimentación". (Vuyk, 1984:103). Por lo tanto, se impone reconocer que los fenómenos observados están determinados o por lo menos dependen del punto de vista del sujeto, de tal suerte que la verificación puede reducirse a una validación pre—juiciada de una teoría o de un hecho; en tal sentido vemos que en la introducción del principio de verificación se corre el riesgo de desconocer que el objeto mismo suele ser transformado por el sujeto a pesar de que éste no se lo proponga, simplemente porque la interdependencia se refiere también a las interrelaciones del sujeto y el objeto; sólo tiene sentido hablar de un objeto de estudio o de investigación al interior del proceso mismo de estudio y de investigación, en el que precisamente tanto sujeto como objeto devienen como tales.

Lo anterior permite pensar que la intención de objetividad que en el fondo desea salvar Piaget, al recurrir al principio de la verificación, no se resuelve por la verificación misma, ya que ésta presenta dificultades serias, que un análisis juicioso debería tener en cuenta antes de constituirla como juez y parte de la investigación.

Pero, ¿entonces cómo salvar la reflexión de la pura especulación metafísica sin dejarse atrapar en el mundo heteróclito de los hechos?

Es aquí donde Bachelard ha comprendido el desarrollo de las ciencias contemporáneas como un proceso de realización que consiste fundamentalmente en el reconocimiento de una razón emergente, dinámica que incorpora en su proceso de constitución las condiciones de su aplicación; es decir, una razón que no va delante ni detrás de la realidad, sino que por el contrario se constituye instituyendo a la vez, en el mismo proceso, las condiciones de su materialización como producción de lo real.

La respuesta de Piaget a Leo Apostel, a propósito de la polémica suscitada por este mismo problema en el homenaje que se ofreció en su nombre y que fue recogida en la obra *Epistemología genética y equilibración* (1981:76) parece muy inteligente, pues la convergencia entre los esquemas que construye el sujeto y la realidad puede estar siendo determinada por "esencia" misma del sujeto en tanto producto de la naturaleza. Sin embargo, es necesario advertir que tal correspondencia no puede ser comprendida como un *a priori* en el sujeto, como podría inferirse de un análisis de la postura de Piaget; ante todo esta correspondencia debe ser entendida como una posibilidad, que se convierte en acto en la medida en que el sujeto construye una mayor cualificación de sus condiciones cognitivas en los procesos de socialización que lo explican.

En la cualificación de estas condiciones se juega, en el mismo proceso, la construcción de la teoría y de las condiciones de realización de la misma, en lo que se denomina la realidad humana.

Así, no se trata de ve*rificar* si la correspondencia se cumple, sino, más bien, de realizar dicha correspondencia, de obligar tanto a lo que se denomina realidad como a lo que se denomina teoría a que se identifiquen, en un proceso constructivo en el que la realidad y la teoría son consideradas como un mismo proceso de naturaleza social. Este proceso en el que se produce la emergencia de lo real humanizado no permite entender la tradicional escisión entre ser y pensamiento; por el contrario, en el proceso de constitución de lo real —para el hombre— "para comprender es necesario participar de una emergencia" (Bachelard, 1985: 18), es preciso entender que lo real se construye en el mismo proceso en el cual el sujeto deviene como tal.

No se requiere, pues, de un principio metodológico de validación exterior; por el contrario la teoría se valida a sí misma en tanto es realizable; no en tanto se acomode o no a la descripción y/o explicación de lo real o de una parte de lo real, sino en tanto ella misma crea las condiciones de su propio devenir como real. Un real que puede presentarse en formas diversas: como poética, como arte, como técnica, como práctica o como discurso.

Es en este sentido que Bachelard ha afirmado que el racionalismo se presenta como una segunda realidad no natural que obliga a la primera, la "natural", adormecida, a movilizarse.

Es, pues, diferente verificar una teoría a realizar una teoría. Así, verificar es comprobar un orden, mientras que realizar es ordenar lo real para el hombre. De aquí se abre la posibilidad legítima de infinidad de órdenes posibles; la verificación, por el contrario, cierra esas posibilidades.

La introducción de este principio epistemológico contemporáneo, como criterio de clasificación del pensamiento de los docentes, constituye, por lo tanto, una manera no positivista de acercarse desde la investigación a dicho pensamiento. Pero además crea la posibilidad de superar estructuras de pensamiento pedagógico en la escuela que aparentemente se corresponden con la "realidad" educativa y que en esencia pueden ser formas socialmente constituidas de *legitimación acrítica* de órdenes sociales, económicos y políticos existentes.

LA NOCIÓN DE REORGANIZACIÓN

En general, en la obra de Bachelard se plantea que la fuerza de un pensamiento se puede comprender por su capacidad de reorganización; esto es, por el poder de reconocer obstáculos y propiciar rupturas. Sin embargo, esta afirmación no puede tomarse al pie de la letra, pues el progreso del pensamiento no se da de una manera tan voluntarista; por el contrario, el proceso está marcado por una especie de inconsciente colectivo que constituye en gran medida los motivos de detención del pensamiento. En efecto, la formación del espíritu científico (cf. Bachelard, 1985) es un proceso sin comienzo y sin fin que en su intento de formalización o, más exactamente, de comprensión, aparece en relación funcional con los deseos reprimidos, con las imágenes personales, con la seducción de la facilidad y la avaricia que han sido constituidas históricamente.

De ahí que el propósito de una pedagogía dinámica debe ser el de dar razones al espíritu para instaurar una necesidad de progreso:

> *se trata de dinamizar una cultura de que el psiquismo*
> *tenga, cualquiera que sea su riqueza ya adquirida,*
> *necesidad de progreso.*[19] *(Bachelard, 1978:72).*

---

19   El subrayado es mío.

Tal necesidad debe pasar por un proceso de reorganización de la conciencia inmediata, del espíritu de generalización, de los obstáculos animistas, entre otros, que constituyen a los sujetos, hacia la constitución de una conciencia crítica que se renueve permanentemente en una relación de intervigilancia social que podríamos denominar relación pedagógica, pues en ella se produce una rectificación del espíritu ya que como dice Bachelard:

> *no hay proceso objetivo sin la conciencia de un error íntimo y básico (por lo tanto) debemos comenzar las lecciones de objetividad por una verdadera confesión de nuestras fallas intelectuales. Confesemos nuestras tonterías para que nuestro hermano reconozca las propias, y reclamemos de él la confesión y el servicio recíprocos. (1985: 285).*

De tal manera, debe entenderse por reorganización (del sujeto pedagógico, o del sujeto epistémico, o de los eventos pedagógicos) las maneras concretas de realización que consisten en procesos de aproximaciones sucesivas, de tal suerte que la realización ha de consistir en una síntesis de reorganizaciones sucesivas y la reorganización en un proceso de rectificación permanente, en un proceso de crítica permanente sobre los principios y los métodos, entre otros.

En los análisis realizados a los datos obtenidos en el proceso investigativo, se puede observar cómo, en última instancia, los sentidos que instituyen el pensamiento práctico de los docentes descansan, privilegiadamente (y no exclusivamente), sobre unas concepciones dinámicas o sobre unas concepciones estáticas[20], lo

---

20   En el diccionario de Ferrater Mora, por ejemplo, se puede encontrar esta misma diferenciación entre lo dinámico y lo estático para referirse, respectivamente, a la filosofía como proceso o a la filosofía como resultado, como forma, como imagen.

cual ha obligado, como ya ha sido dicho, a categorizar e interpretar dichas concepciones desde el punto de vista de la función dinámica y dinamizadora o estática y obstaculizadora que las constituye. Esto es, en su función transformadora o conservadora, lo que conduce a instaurar un proceso de reorganización de los sujetos epistémicos tendiente a realizar una transformación educativa que no puede medirse a corto plazo.

El problema de la investigación

Realizadas las aclaraciones sobre las condiciones de emergencia de un problema de investigación cualquiera y reconocidas las condiciones "personales", históricas y sociales necesarias, se puede afirmar que el problema relevante que se está desarrollando en la investigación, que aún se encuentra en proceso, es el de realizar un proceso de explicitación de las concepciones de conocimiento que constituyen a los docentes del país, con el fin de posibilitar procesos reales de reorganización de los sujetos epistémicos, ya que ese sujeto epistémico que se ha interiorizado ha sido reconocido como un dispositivo que legitima las prácticas pedagógicas de los maestros en el salón de clase.

Si es cierto que lo educativo se desarrolla mediado por la comunicación, por el diálogo, por la interacción, como parece verosímil creerlo, entonces es igualmente verosímil creer que una reorganización del sujeto epistémico que entra en relación en unos tipos específicos de interacción, dará lugar a un tipo de interacción, de dialógica alternativa y, por lo tanto, de educación alternativa. Máxime si hemos de mostrar cómo es que ese sujeto epistémico de alguna manera se legitima como una forma más de legitimar las reproducciones y de controlar las resistencias.

54

ACERCA DE LOS OBJETIVOS

A pesar de las reiteradas críticas que distintos autores, desde diferentes enfoques, han hecho a la planeación por objetivos (cf. De Alba, 1984), parece imponerse en los medios académicos un modelo metodológico de presentación de trabajos de investigación que obliga a referirse a ellos. El desarrollo de la presente investigación ha permitido mirar cómo, si los objetivos iniciales se mantienen a ultranza, la riqueza de los desarrollos corre peligro, pues a pesar de los objetivos planteados en el anteproyecto, la investigación ha tomando rumbos no esperados por el investigador; al punto que ha sido necesario tomar posición, o por el cumplimiento de los objetivos, o por las incitaciones que el proceso propone como más determinantes.

Esto en realidad no tiene nada de novedoso, pues una buena parte de los investigadores contemporáneos reconoce que las perturbaciones o las anomalías, para referirnos en términos de la física, constituyen hoy en día un "elemento" intrínseco fundamental en el desarrollo de toda investigación, al punto de que una anomalía puede llevar a replantear un programa de investigación. Es más, una anomalía recuperada en el proceso de investigación puede constituirse en el umbral de un nuevo paradigma. No es el caso específico de la presente investigación, ni mucho menos, pero sí es necesario decir, con fines pedagógicos, que los objetivos propuestos inicialmente como metas o parámetros de la investigación han sido replanteados o reformulados a mitad de camino, pues el proceso ha obligado a mirar hacia otro norte.

A manera de ejercicio pedagógico diré que inicialmente el objetivo general era determinar la línea de continuidad o discontinuidad entre los pre—conceptos de conocimiento que poseen los docentes, y los conceptos reconocidos por la comunidad científica a fin de proponer un modelo de explicitación, por una parte, y otro de superación de tales preconceptos.

El trabajo con los docentes ha llevado a replantear las nociones de *pre—conceptos*, de *posesión*, de *conocimiento,* de tal forma que ese objetivo se ha desvanecido. Pero no por ello la investigación se detuvo. Los objetivos se presentaban como falsos problemas, pues las concepciones sobre las que descansaban son problemáticas. El proceso de acercamiento crítico a las concepciones de los docentes y a la bibliografía no permite ya seguir sosteniendo la idea de que los preconceptos son algo que poseen los docentes y que es, por lo tanto, necesario y posible proponer un modelo para superarlos. La idea de posesión se ha presentado en el proceso como un criterio propio de las epistemologías positivistas, e incluso algunas constructivistas, que comprenden el conocimiento como una mercancía, como un objeto materializable, reductible, en ultima instancia, a una *red cogitans.*

A lo sumo los objetivos se constituyen en el pretexto para pensar una problemática, en la incitación inicial; sin embargo, no en el punto de partida. El punto de partida de una investigación es exorbitante (cf. Derrida, 1984: 201—208). Hay que comenzar en cualquier parte, en un punto en donde de todas maneras creemos estar.

Podemos decir entonces que la investigación ha ido construyendo sus propios propósitos, sus propios horizontes, entre los cuales pueden mencionarse:

— Crear posibilidades pedagógicas, epistemológicas e institucionales para desarrollar un proceso de reorganización de los sujetos epistémicos que constituyen los colectivos formados por los docentes de distintas regiones del país.

— Presentar la investigación cualitativa en el aula y en la escuela como un proceso que permite la explicitación del pensamiento práctico de los docentes y la reorganización de los sujetos epistémicos que interactúan en la escuela.

Igualmente, puede afirmarse que esta investigación en lo específico ha abierto camino para:

— Analizar e interpretar las concepciones de conocimiento que instituyen a los docentes del país.

— Realizar un análisis crítico de las dificultades u obstáculos que impone el sujeto epistémico a las formas alternativas de docencia y extensión; específicamente cuando éstas son entendidas como investigación.

— Evaluar la posibilidad de entender el proceso de explicitación del pensamiento práctico y la reorganización de los sujetos epistémicos, como una manera de transformar la docencia y la extensión centradas en el eje transmisión—adquisición.

¿SE JUSTIFICA UNA INVESTIGACIÓN COMO ÉSTA?

En mi función como docente investigador de la UPN adscrito al Postgrado en Educación con énfasis en evaluación escolar y desarrollo educativo regional, tengo a mi cargo el desarrollo de la línea de investigación en "Epistemología de la pedagogía"; encontrándose en curso, en estos momentos, una investigación sobre "explicitación de los fundamentos epistemológicos de las pedagogías en el marco de la polémica constructivista de Piaget e histórica de Bachelard", cuyos avances teóricos hacen también parte del componente teórico diseminado en el presente trabajo. Como ámbitos o espacios para confrontar e incluso desarrollar la investigación se presentan, por una parte el Seminario en Epistemología de la pedagogía ofrecido a los aspirantes al título de Magister en Evaluación Escolar; por otra, los cursos que desde la universidad se ofrecen en programas de acompañamiento, asesoría y capacitación a los docentes de distintas regiones del país. En los dos ámbitos la opción se repite: o se desarrollan los cursos como espacios donde se debe "informar" sobre la epistemología entendida como una producción cultural que puede ser recontextualizada y transmitida, o como un verdadero pretexto para investigar y, por qué no, para posibilitar la formación de investigadores desde la práctica investigativa. Es en este último sentido que los seminarios han sido asumidos. Sin embargo, no se trata de seguir la idea, un tanto generalizada, de que el seminario debe ser un espacio para que el director del mismo presente los avances de una investigación cualquiera que ha desarrollado, tal como lo propone Bruner (1987:33). La idea de Bruner tiende a suplir el error académico que consiste en hablar, en los salones de clase, por ejemplo, de investigación sin que quien habla haya hecho investigación; pero la opción propuesta por él no toca el sentido mismo de la docencia, y por lo tanto, si bien podría ser una práctica más sincera no dejaría de ser una recontextualización, no ya de lo que otros han producido y que lo presentan a manera de textos escritos, sino de las producciones del seminarista. Presentación y discusión de resultados de la investigación "personal" por parte del director del seminario. Por el contrario, de lo que se trata es de hacer la investigación con el colectivo. Lo que puede proponerse como una manera distinta de entender la docencia y la extensión. Hacer de la docencia y la extensión un proceso de investigación como el que en este trabajo se presenta, puede ser una alternativa que justifica un tipo de investigación como ésta.

Pero por otra parte, indagar en las concepciones de conocimiento que instituye a los docentes es una manera legítima de posibilitar la reorganización de los sujetos epistémicos que han sido constituidos históricamente y que funcionan como verdaderos obstáculos pedagógicos para posibilitar transformaciones educativas significativas. Investigar sobre las concepciones de los docentes desde un punto de vista cualitativo es, pues, crear condiciones para la transformación de la escuela.

LO METODOLÓGICO COMO CAMPO PROBLEMÁTICO

ASPECTOS GENERALES

Cada vez es mayor el número de investigadores que se ven llevados a reconocer que

> *la epistemología del pensamiento científico se ha ido convirtiendo paulatinamente en un asunto propio de los mismos científicos (y que, por lo tanto) los problemas de fundamentación se van incorporando al sistema de cada una de las ciencias[21]. (Piaget, 1971:10—11).*

Esta idea tiene sus repercusiones tanto para la investigación en las llamadas ciencias naturales y físicas, como para la investigación social. En efecto, la pretensión de encontrar leyes universales, cuya validez sobrepase la intencionalidad y/o subjetividad de la comunidad que investiga, deviene, a la luz de este y otros principios epistemológicos contemporáneos, una pretensión irrealizable, un pretexto de detención del pensamiento y, por lo tanto, un obstáculo epistemológico. Por el contrario se hace necesario, cada vez más, reconocer en las investigaciones de tipo social, por lo menos, "la importancia que tienen (...) el contexto, la función y el significado de los actos humanos" (Martínez, 1991:5), para reconstruir o construir su sentido. Desde esta postura, la idea de medir los actos humanos —los que tienen relación con lo educativo, por ejemplo—, desde la identificación de relaciones causales entre posibles variables deviene problemática y aparentemente ilegítima.

---

21   El subrayado es mío

Hoy en día hay un consenso generalizado que reconoce la validez de los postulados teóricos y metodológicos como un problema intrínseco a las disciplinas o, lo que es más exacto, a las comunidades científicas en donde emergen y se desarrollan tales postulados. El declive en la primacía de la idea que pretende aplicar un método científico como garantía de la objetividad de los datos encontrados y de su explicación en una investigación, ha dado origen a una discusión cada vez más rica sobre la pertinencia de reconocer una cierta flexibilidad en la aplicación o incluso en la construcción de los posibles métodos de investigación, a fin de que el proceso sea más amplio y permita recuperar otras dimensiones en la producción de saber o en la reconstrucción y/o estructuración de sentido, tarea propia de las investigaciones sociales.

Por lo tanto, tomar posición por una investigación de naturaleza cualitativa que, lejos de buscar relaciones causales para explicar un fenómeno, busque comprender los aspectos constitutivos y/o contextuales de una realidad social como la educativa, desde la interacción productora de sentido, para abrir alternativas de mundos posibles, constituye un acto cargado de mayor verosimilitud.

A diferencia de ciertas investigaciones cuantitativas, que asumen el método como un instrumento *a priori* que permite garantizar la validez de los resultados, la investigación cualitativa, si bien postula procesos metodológicos posibles que buscan ciertos niveles de rigurosidad y precisión en la interpretación y/o crítica, no los instituye como reglas *a priori* que deban seguirse rigurosamente, por el contrario, parte del principio de la relatividad de los métodos; así por ejemplo,

> *el investigador en educación no sólo debe ejercer su crítica en relación con los objetos de estudio, sino con la teoría de base que soporta la construcción acerca de éstos y con los procesos metodológicos*

que median sus modos de conocer[22] *(De Teza-nos,1985:25)*.

Una vigilancia sobre el método que no se convierta en una mirada sobre la correcta aplicación, sino en un verdadero análisis crítico que dé cuenta de los principios epistemológicos que lo sostienen como posible. Pero aún más, una actitud dinámica que entienda que la rigurosidad de lo que se llama método depende de todo el proceso por el cual el sujeto llega a ordenar lo real para él de una manera cada vez más rica en relaciones. El método así, antes que un instrumento se constituye en el camino preciso que construye el investigador para ordenar lo real de manera verosímil, posible. En ese mismo proceso se produce la reorganización del sujeto, con lo cual la división entre método, conocimiento y sujeto queda en entredicho.

Es indudable, entonces, que un tipo de investigación sobre las concepciones de conocimiento que instituyen a los docentes, tendiente a la reorganización del sujeto epistémico como colectivo, tendría que abordarse desde un enfoque cualitativo, donde lo que guía la investigación es el proceso de análisis e interpretación colectiva y, si se puede reconocer, de síntesis permanente. En consecuencia, esta investigación sobre pensamiento práctico de docentes, y específicamente sobre concepciones de conocimiento en docentes, ha sido desarrollada desde un *enfoque cualitativo*.

Por otra parte, y en consecuencia con el enfoque asumido, la investigación se ha sostenido a la deriva entre algunas variantes[23] de

---

22   El subrayado es mío.

23   Como sabemos, no existe un método etnográfico único, más bien podemos hablar de la existencia de unos principios epistemológicos generales que hacen la diferencia y que justifican ciertos rodeos que asume un tipo determinado de investigación. En el caso específico de este trabajo los textos que aparecen en la bibliografía demarcan una tendencia.

la denominada metodología etnográfica en educación, cuyos presupuestos fenomenológicos y hermenéuticos parecen más adecuados al proceso investigativo, y la llamado investigación—acción en la variante que ofrecen Carr y Kemmis en su obra *La teoría crítica de la enseñanza: la investigación acción en la formación del profesorado* (1988).

Así, algunos elementos de los dos enfoques mencionados han permitido, por una parte, abrirse, sensibilizarse lo más adecuadamente posible a los datos aportados por los colectivos en torno a sus concepciones, con lo cual se trata de hacer un acercamiento a la lógica, a los sentidos propios de los colectivos en lo relacionado con las concepciones de conocimiento que los instituye; esto puede considerarse en relación con algunos postulados del pensamiento etnográfico que busca "descubrir la estructura compleja o estructura de relaciones que conforman la realidad (...) social humana". (Martínez, 1991:41). Pero la investigación igualmente ha tenido en cuenta que la explicitación de las concepciones son un camino, un pretexto para posibilitar una reorganización de los sujetos. Como tal reorganización está mediada también por el análisis colectivo de cómo esas concepciones han sido configuradas históricamente, entonces ha sido necesario posibilitar que los docentes analicen sus concepciones desde la relación que ellas guardan con la problemática histórica, por lo menos desde algunos autores en los que la problemática se presenta evidente; considerando así dos postulados fundamentales de la investigación acción: el primero busca que este tipo de investigación no sólo "entregue" al grupo el sistema del pensamiento en el que los individuos se puedan reconocer, sino, además, pretende que

> *los enseñantes superen los autoentendimientos distorsionados mediante el análisis de cómo sus propias prácticas y entendimientos están configurados por condiciones ideológicas más amplias. (Carr y Kemis 1988: 190).*

El segundo postulado propone la transformación de las prácticas de los enseñantes, la cual se ha buscado posibilitar, en el proceso investigativo, a partir del proceso de reorganización del sujeto epistémico que constituye a los docentes.

La relación con los presupuestos de estos dos enfoques ha permitido entonces que la investigación no se centre exclusivamente en la "explicitación" de las nociones y la lógica que supuestamente poseen los docentes sobre el conocimiento, para luego presentarlas clasificadas y categorizadas, sino que ha permitido, además, pensar la explicitación como el pretexto para crear condiciones investigativas que permitan al colectivo reorganizarse, descentrarse, "tomar distancia", en un acto de "intervigilancia epistemológica" del sujeto epistémico que los instituye; pues, como también ha sido reconocido por algunos sociólogos,

> *confrontando continuamente a cada científico con una explicitación crítica de sus operaciones científicas y de los supuestos que implican y obligándolo por ese medio a hacer de esta explicitación el acompañante obligado de su práctica y de la comunicación de sus descubrimientos, este "sistema de controles cruzados" tiende a constituir y reforzar sin cesar en cada uno la aptitud de vigilancia epistemológica. (Bourdieu y otros, 1987:109).*

Por otra parte, ha sido necesario, como es de esperar, apoyarse en unas técnicas de recolección de información que son, de alguna manera, compartidas por los diversos enfoques y que adquieren sus especificidades básicamente del contexto y del proceso de investigación, tales como el cuestionario, las discusiones, las grabaciones y las filmaciones.

Aspectos específicos

La recolección de la información

Al comienzo de la investigación se tomó la decisión de recoger una primera información sobre lo que los docentes piensan o dicen sobre el conocimiento. Se pensó en la pertinencia de un *cuestionario abierto y semiestructurado*, por cuanto se requiere de la puesta en común, por escrito, de las ideas "espontáneas" a fin de que en el proceso de clasificación y análisis inicial pueda realizarse una primera aproximación[24] a los sentidos propios de los colectivos. Un cuestionario cerrado puede correr el riesgo de inducir las respuestas o, por lo menos, puede caer en la trampa de presuponer categorías desde las cuales clasificar y ordenar, *a priori*, las respuestas.

Sin desconocer que de todas formas es desde una cultura desde donde incluso el mismo cuestionario se elabora y, por lo tanto, desde donde se mira la información recogida, también es cierto que vale la pena correr el riesgo de tratar de poner a decir algo a la fuente, sobre todo si esa fuente es otro sujeto, en un intento de interacción consciente que deje abierta algunas posibilidades de reorganización del investigador.

A pesar de todo, y con fines metodológicos, semiestructurar el cuestionario presupone delimitar y, por qué no, cerrar mínimamente los múltiples caminos que puede tomar la narración. Antes que hablar de cualquier cosa, de lo que se les ocurre, los docentes tienen que hablar de algo que por algún lugar nos pueda llevar a

---

24 Que, como veremos más adelante, se constituye en fuente de posteriores reflexiones y reorganizaciones de las cuales son actores los distintos colectivos.

reconstruir el sentido o los sentidos desde los que se instituyen como sujetos epistémicos. Unas preguntas "claves".

El proceso de construcción del cuestionario ha pasado por distintas fases, desde la elaboración de unas preguntas estrechamente relacionadas con el paradigma dominante, que indagan por la verdad, hasta la elaboración de unas preguntas que interrogan desde la racionalidad crítica por el sentido propio que constituye a los sujetos, sin que medie en ello una intención valorativa respecto a la aproximación a un modelo de respuesta. Desde el punto de vista pedagógico es pertinente reconocer que la transformación del cuestionario se produce en la misma medida en que se van transformando los otros ámbitos: sujetos, concepciones, entre otros. Puede afirmarse que el cuestionario ha sido elaborado teniendo en cuenta unos criterios que se desarrollan a continuación.

La pregunta tradicional de la epistemología llamada positivista ha sido, como se sabe, *¿Qué es el conocimiento?* A pesar de ser una indagación por el conocimiento, la pregunta tiene un marcado origen ontológico. Interroga por el ser, por lo que en última instancia *es el ser* de eso que *es* el conocimiento. No cabe la menor duda de que hay algo de naturaleza sustancial por lo que se indaga. En tal sentido, era necesario abrir un poco la pregunta, por lo que aparece en algún momento necesario preguntar *¿Qué se entiende por conocimiento?* Sin embargo, ha sido necesario reconocer que la lógica de la pregunta todavía presupone un entendimiento general, posiblemente el único válido, de tal manera que remite al sujeto interrogado a buscar en sus lecciones escolares, en las definiciones de diccionario. Y siendo así no se escapa a un cierto ontologismo. Ha sido necesario comprender que no es por la cosa en sí por la que debe interrogarse, sino por las formas de decir, de entender ese supuesto ente, para que la pregunta, *¿Qué entiende usted por conocimiento?*, aparezca como la forma precisa de interrogar, de tal manera que ya no están supeditados los maestros a definir "científicamente" qué sea el conocimiento, sino a decir cómo lo comprenden. No es por la respuesta de diccionario, sino por la comprensión del sujeto por la que vamos. De tal suerte que de esta tercera forma se ha estructurado la pregunta.

Intuyendo entonces que la primera pregunta en nuestra cultura está matizada por una indagación sobre la comprensión del Ser, de lo estático, se ha considerado pertinente hacer una pregunta que por lo menos aluda al devenir, esto es, al proceso. Una pregunta que indaga por lo dinámico. Una pregunta que a la vez es dinámica. Por lo menos dos propósitos o criterios, si se quiere, justifican la pertinencia. Uno, poner a hablar a los cuestionados, todos ellos docentes, de la manera como conciben o vivencian el proceso del conocer, para construir desde ahí un sentido que identifique su concepción de conocimiento. Dos, poder "cruzar" las informaciones recogidas desde las preguntas, con miras a describir e interpretar los niveles de legitimación que sobre las concepciones educativas ejercen las concepciones de conocimiento que instituyen a los colectivos. Con miras a permitir, igualmente, indagar por las concepciones predominantes y posibilitar en el mismo proceso condiciones para la reorganización de los sujetos epistémicos desde la confrontación con la reconstrucción del sujeto colectivo. En principio la pregunta *¿Cómo conoce el sujeto?* parece responder a esas inquietudes iniciales; sin embargo, ella ha presentado dificultades. En primera instancia, porque parece reconocer implícitamente un proceso "objetivo" a través del cual supuestamente conocen los sujetos, con lo que no se interroga por la comprensión que el maestro tiene, sino por el supuesto proceso objetivo. En segunda instancia, porque la formulación gramatical conduce, curiosamente, a los docentes a responder cómo es que ellos conocen a los sujetos y no cómo es que ellos creen que los sujetos llegan a conocer. Estas consideraciones han permitido introducir en el cuestionario la pregunta siguiente: *¿Cómo cree usted que el sujeto conoce?*, la cual parece más precisa a los propósitos investigativos.

Ahora bien, como todos sabemos, según Piaget, lo que produce la diferencia entre la epistemología positivista y "su" epistemología constructivista es el giro en el problema. Según el mismo autor, el problema que inaugura su práctica epistemológica es la pregunta por el devenir del sujeto: *¿Cómo pasa el sujeto de un nivel de menor conocimiento o otro más completo y eficaz?* (cf. 1971: 13 y 39), razón por la cual no puede faltar esta pregunta, por cuanto incita a pensar desde una ruptura. Ese posicionamiento en los límites, desde la pregunta, permite pensar qué tanta proximidad o distanciamiento, hacia una visión dinámica del conocimiento, produce el proceso histórico hegemónico en la constitución de los sujetos.

Por otra parte, igual proceso de transformación han sufrido las preguntas *¿Qué es enseñar? ¿Qué es aprender?* e igualmente *¿Qué relaciones encuentra en su forma de concebir el conocimiento y los conceptos que ustedes manejan de aprendizaje y enseñanza?*, por las cuales se optó, inicialmente, con el fin de recoger información sobre los sentidos posibles que instituyen a los sujetos sobre las nociones de conocimiento, cuando aquellos se refieren al proceso educativo institucionalizado, específicamente en lo que tiene que ver con la forma de pensar el proceso de la enseñanza y el aprendizaje.

La razón por la cual se indaga por el aprendizaje y la enseñanza para explicitar concepciones de conocimiento es que, según creo, el pensamiento práctico de los docentes es un tejido complejo de relaciones cognitivas donde se sobreponen y entrecruzan diversidad de sentidos. La polisemia (como propuesta del campo de la lingüística) y la diseminación (como propuesta del campo de la gramatología), permiten entender —cada una en su manera particular de comprender el lenguaje y la escritura— que el sentido depende del contexto, es decir, de la posición y las relaciones que un término guarda con los otros y con los cuales constituye un discurso particular; por lo tanto, deconstruir la lógica de un discurso particular sobre la enseñanza o sobre el aprendizaje permite indagar por las concepciones culturales de conocimiento que hacen parte funcional de esos discursos.

Si la tesis que vengo proponiendo a la discusión, las concepciones de conocimiento que instituyen a los docentes están directamente relacionadas con la actividad educativa en los salones de clase y, por lo tanto, determinan lo que el maestro hace o deja de hacer en ellos, es válida, entonces también debe ser cierto que dichas concepciones están directamente relacionadas con las concepciones y prácticas de enseñanza y aprendizaje que constituye a los mismos docentes. Es más, las maneras de concebir la enseñanza y el aprendizaje deben depender, en medida determinante, de las concepciones de conocimiento que instituyen al sujeto epistémico que las piensa. Recoger ese tipo de información es, por lo tanto, importante como medio para contar con una más amplia gama de información. Sin embargo, es la reflexión sobre las preguntas que indagan por el conocimiento de una manera más directa las que se abordan privilegiadamente en el segundo capítulo, puesto que son suficientes para mostrar las concepciones que privilegiadamente instituyen y constituyen a los docentes; además porque la relación entre unas y otras respuestas obtenidas de las distintas preguntas es, respecto al problema del conocimiento, de identificación. Las concepciones de conocimiento que subyacen a los escritos sobre enseñanza y aprendizaje se correlacionan con las de los escritos que responden a las preguntas que, más directamente, interrogan por las concepciones de conocimiento.

Esto no resta responsabilidad para que en otra oportunidad, en otros escritos, se haga explícita esa relación mostrando casos específicos

EL PROCESO DE ANÁLISIS DE LA INFORMACIÓN

Con cada colectivo con el que se realiza la experiencia se aplica el cuestionario elaborado, en forma individual; cada uno de los miembros del colectivo presenta sus respuestas por escrito, con lo cual se inicia el proceso de organización de la información. Con ella se procede a realizar un primer ejercicio por parte del director del seminario en algunos casos, o directamente por el colectivo en otros, con el propósito de elaborar un primer documento escrito que recoja un primer análisis, clasificación y categorización, que consiste en comprender en unas nociones generales el mayor número de información posible. Propósito que es dable siempre y cuando los sujetos se sumerjan en los datos, en la búsqueda de una lógica posible que los explique.

Como ya ha sido dicho, y como parece ser el consenso de un amplio número de investigadores, quien hace el ejercicio de categorización no puede escapar a sus influencias culturales; sin embargo, presuponer unas categorías y luego clasificar la información en relación con ellas, puede ser un ejercicio que limite la comprensión y la construcción de sentidos colectivos; razón por la cual resulta más dinámico y enriquecedor partir de una mirada, nunca inmediata, a la información de primera mano para desde ahí poner en juego un proceso de interacción que permita explicitar ciertos sentidos. No el sentido último y oculto, sino un posible sentido de organización.

Con todo, es interesante resaltar cómo las categorías que en una primera aproximación son pensadas por los docentes en relación con la información, tienen siempre una relación directa con cierto tipo de categorías con las que universalmente ha sido concebido el conocimiento. Esto no tiene nada de particular si se reconoce que somos, como sujetos epistémicos, productos culturales, productos de las complejas relaciones sociales que se van entretejiendo y que a la vez entretejen los sujetos, tal vez con rasgos particulares en función de las historias personales, pero igualmente con características de "síntesis históricas" generales en función de las historias de las formaciones colectivas. Dicho en otros términos, en la explicitación de las concepciones que instituyen a los sujetos particulares se puede partir de construir los sentidos particulares, como condición para evitar una extrapolación excesiva, sin perder de vista que tales sentidos hacen "parte" dinámica de un tejido más amplio, un cierto intertexto o texto infinito, como denominaba Barthes a ese "espacio" de la infinita producción de sentido en la escritura—lectura (cf. 1974).

En síntesis, no puede afirmarse que la primer clasificación y categorización de la información pretenda ser un reflejo exacto de la realidad cognitiva de los sujetos. Es más acertado afirmar que los datos se constituyen en un pretexto para pensar, en una incitación a construir sentidos y organizaciones posibles. Tampoco es acertado pensar que las categorías sean simplemente una teoría previa a la cual el investigador desea someter la información, pues deja de lado ese instante de incitación que puede generar procesos de reorganización de los sujetos que investigan.

La confrontación con el primer documento

Nuevamente con propósitos pedagógicos veo pertinente comentar en forma breve algunos aspectos generales de los procedimientos que pueden seguirse en un proceso de investigación sobre pensamiento práctico; sin embargo, no podrían constituirse en camisa de fuerza, pues como ha sido dicho con anterioridad lo metodológico es una cuestión problemática que sólo es vista como técnica desde la racionalidad instrumental, pero que desde la racionalidad crítica debe entenderse como una construcción permanente. De hecho los procedimientos de un colectivo a otro han variado en esta experiencia.

En uno de los encuentros con cada colectivo se hace entrega del primer documento, mencionado en el numeral anterior, para que se lea y se tome posición respecto a la verosimilitud de la clasificación de sus concepciones de conocimiento en tal o cual categoría.

Se realiza, por ejemplo, una discusión en subgrupos, de donde se recogen las distintas posiciones para ser presentadas en una plenaria a la totalidad del colectivo. En relación con las categorías de representación y operación generalmente los grupos han estado de acuerdo; tanto cuando han sido propuestas por mi, como cuando han sido ellos los que llegan a ellas a través del proceso. Pero lo más importante es que en las intervenciones los docentes se refieren a este tipo de ordenamiento como una posibilidad de pensar la necesidad de iniciar un cambio; por ejemplo, uno de los grupos concluye:

> *la importancia del documento es que nos hace replantear, releer, los conceptos de nosotros mismos y a partir de eso comencemos a reconstruir y a elaborar un nuevo concepto sobre conocimiento.*

Las plenarias son filmadas como estrategia e instrumento para recoger nueva información que permita continuar con el proceso de explicitación, pero además como herramienta para que los docentes puedan verse y pensarse en sus formas concretas de operar.

Hacer la filmación permite pensar una y otra vez, con mayor tranquilidad, no sólo lo que el colectivo dice, sino también la manera de decirlo (los gestos, la ironía), de alguna forma el contexto en el que las afirmaciones se producen. De tal modo se puede afirmar que los términos utilizados por los docentes han sido interpretados desde la relación que guardan con el contexto desde donde emergen.

El análisis colectivo, la crítica a la que son expuestas las concepciones, constituyen un camino de reorganización de las mismas y por lo tanto una posibilidad de reorganización de los sujetos epistémicos que ahí intervienen. Obviamente estas discusiones están mediadas también por la lectura crítica de textos en los que se pone en escena la distinción de por lo menos dos maneras distintas como históricamente ha sido concebido y, por lo tanto, asumido "el" conocimiento.

FORMAS DE CUALIFICACIÓN DE LOS DOCUMENTOS

Además de las reorganizaciones del documento —en el que se explicitan las categorías desde las cuales se comprenden y se piensan las concepciones de los docentes—, sugeridas por las múltiples aproximaciones de lo grupos, también debe tenerse en cuenta la opinión que sobre la estructura de los documentos puedan dar otros académicos—investigadores. En ese sentido el presente trabajo ha sido discutido con algunos colegas y gracias a esas interacciones ha sido cualificado cada vez más. La publicación se hace también en esa perspectiva, ampliar el número de los interlocutores.

Capítulo 2

Análisis e interpretación de algunas concepciones de conocimiento en docentes

Cuando un verbo es transformado en un sustantivo, de pronto se nos cuela adentro como si fuese una cosa. Si estamos ante un proceso que puede convertirse en una cosa, vamos por mal camino. Muchas de nuestras dificultades para comprender se deben a que constantemente tratamos con objetos que, en realidad, son procesos. (Foerster, 1994: 95—96)

Como se ha afirmado con anterioridad, para recoger una primera información que sirva de pretexto para iniciar el acercamiento a las concepciones de conocimiento que instituyen a los distintos grupos de maestros en el país, con los que se ha realizado hasta el momento la experiencia de explicitación, ha sido necesario construir un cuestionario abierto y semiestructurado, el cual se ha ido cualificando cada vez más dependiendo del grado de explicitación que poco a poco se ha realizado con relación al paradigma desde el que se hacen las preguntas. En un primer momento de la investigación las preguntas se hicieron, un poco acríticamente, desde el paradigma positivista; sin embargo, el siguiente cuestionario marca ya un paradigma distinto.

 El cuestionario que se está aplicando es el siguiente:

—¿Qué entiende usted por conocimiento?

—¿Cómo cree usted que el sujeto conoce?

—¿Cómo cree usted que pasa un sujeto de un nivel de conocimiento a otro?

—¿Qué fines le atribuye usted al conocimiento?

—¿Qué entiende usted por enseñar?

—¿Qué entiende usted por aprender?

—Qué relaciones encuentra entre su forma de concebir el conocimiento y los conceptos que usted maneja de aprendizaje y enseñanza?

Las respuestas escritas de los maestros a las preguntas del cuestionario dan origen a una serie de clasificaciones, análisis e interpretaciones simultáneas. Parte del análisis e interpretación es presentada en este capítulo a manera de síntesis de lo que ha sido hasta el momento el proceso general de aproximación a las concepciones de los docentes. Así mismo como una manera de mostrar las concepciones dominantes que los constituyen. Es necesario advertir que el ejercicio inicial de análisis arroja siempre nueva información que se constituye igualmente en fuente de análisis colectivo. Por otra parte están las observaciones de clase y todas aquellas fuentes de información propias de un tipo de investigación como ésta, que permiten una mirada más amplia sobre el problema. Sin embargo, este capítulo aborda fundamentalmente, aunque no en forma exclusiva, parte de la información recogida desde el cuestionario, ya que son una muestra ejemplar de lo que constituye a los maestros como sujetos epistémicos. No obstante, en el tercer capítulo retomaré otra fuente de información que permite enfatizar de una mejor manera el proceso de reorganización de los sujetos, mostrando los obstáculos pedagógicos y epistemológicos que necesariamente aparecen en dicho proceso. Por ahora, como se ha dicho, interesa mostrar las concepciones de conocimiento dominantes que instituyen a los maestros desde el punto de vista del dispositivo de legitimación que ellas pueden ser.

ANÁLISIS DE LAS RESPUESTAS A LA PREGUNTA: ¿QUÉ ENTIENDE USTED POR CONOCIMIENTO?

Antes de pasar a presentar el proceso, es necesario aclarar que las categorías "conocimiento como representación" y "conocimiento como operación" aparecen como una manera de comprender unos aspectos relevantes que se insinúan en las respuestas, lo cual deja seguramente otros aspectos sin explicitar, que sin duda podrían dar cuenta de otras maneras de ordenar y comprender tales respuestas, pero el sesgo es inevitable toda vez que en la investigación se ha tomado posición: privilegiar el proceso de reorganización de los sujetos, para lo cual dar cuenta de los aspectos dinámicos que constituyen las concepciones de conocimiento, así como los aspectos no—dinámicos o estáticos, es fundamental.

A la manera de Porlán, tal y como lo hace en su tesis doctoral (1989), podría presentar un marco teórico que recoja las distintas posiciones de las teorías del conocimiento: empirismo, positivismo, idealismo, formalismo, entre otras, y mirar cómo es que los pensamientos de los docentes se clasifican como empiristas, idealistas o en el mejor de los casos relativistas. Igualmente mostrar, después de unos juegos estadísticos, que entre más avanzado esté el enseñante en años, más empirista se hace, llegando a "demostrar", estadísticamente, entra otras cosas, que las instituciones educativas son un cuello de botella en donde todos terminan siendo empiristas.

Fácilmente podría tomar ese camino, pues los maestros no son ajenos a tal historia de las teoría del conocimiento, y seguramente darían crédito de manera rápida a la clasificación. Sin embargo, el tipo de relación con los escritos recogidos ha abierto una expectativa distinta, una incitación a indagar desde otra esquina, desde otro punto de vista. En la relación con los textos de los docentes ese marco posible ha perdido relevancia y, al contrario, una preocupación por lo dinámico y lo estático de aquello que denominamos conocimiento ha cobrado cada vez más sentido.

Casi todos los maestros se refieren en sus respuestas al conocimiento como un resultado, algo que está ahí conquistado. El conocimiento, se dice, "es el resultado de un saber adquirido", o "la representación formal", o, igualmente, "la apropiación representativa que tenemos del mundo circundante". Pero, por otra parte también se afirma que "el conocimiento es la construcción".

Decir que el conocimiento es el resultado de la construcción, es, evidentemente, muy distinto de afirmar que el conocimiento *es* la construcción. Una cosa es nombrar la acción, el proceso, como aquello que llamamos conocimiento y otra de naturaleza muy distinta nombrar el resultado del proceso como conocimiento. En la primera la acción constituye la naturaleza misma del conocimiento, en la segunda el conocimiento es pensado de una naturaleza distinta, susceptible de ser enajenada del proceso.

En tal sentido se ha requerido de por lo menos dos categorías posibles para comprender lo que los maestros entienden por conocimiento: una que alude a lo *dinámico* en las concepciones, otra, a lo *estático* en las mismas.

Una categoría extraída de un término que se repite en varias respuestas es entonces la de *conocimiento como representación*, la otra, más difícil de configurar, se ha llamado *conocimiento como operación*.

La toma de posición sobre esta manera sesgada de comprender las concepciones de conocimiento que instituye a los docentes, obedece también a la idea de que lo dinámico y lo estático constituyen el eje, el núcleo ciego desde el cual se ha tejido históricamente una manera de cosificar al sujeto, de someterlo a la inercia. Denunciar ese eje como centro que instituye las concepciones de conocimiento que constituyen los sujetos epistémicos específicos, así como permitir que los sujetos devengan conscientes del mismo, en un proceso de intervigilancia colectiva, puede ser un camino legítimo para debilitar los motivos culturales de detención del desarrollo de los sujetos. Siendo así, la mirada sesgada es legítima máxime si reconocemos que es el punto de vista el que constituye al objeto de investigación.

Conocimiento como representación

En la transcripción que se hace de algunas respuestas, tal como las escriben los maestros, puede verse cómo en un buen número de ellas se dice o se insinúa que el conocimiento es un resultado y no una acción o un proceso. En efecto, lo característico de las "definiciones" dadas por los alumnos—docentes es la alusión a la cosa, al nombre o representación final, como si esta cosa, nombre o representación fuera el conocimiento mismo. Conocer para ellos es tener la imagen de algo en la mente. Esta imagen puede ser: "un concepto", "representaciones esquemáticas", "un conjunto de estructuras", "una idea", "unas teorías", "un saber"; términos todos que están dotados, en la información recogida, de un mismo sentido. La diversidad de términos no parece aludir, igualmente, a una diversidad comprensiva, pues la lógica de lo escrito remite a un único sentido: algo que está en la mente y que es reflejo de otra cosa que está en el exterior. Esa cosa exterior puede ser: "diversas situaciones", "el objeto que se está conociendo o estudiando", "los fenómenos", "la realidad concreta", "el mundo circundante", según los propios términos de los docentes. En principio lo que se llama conocimiento es de una naturaleza distinta a la cosa representada y al sujeto que posee la representación.

Las siguientes respuestas, muestra pequeña de todas las que se han logrado recoger, parecen aludir a las características señaladas anteriormente:

> *— Entendemos por conocimiento las representaciones mentales—esquemas que tenemos de la realidad concreta.*

> *— Son representaciones esquemáticas que tenemos de algo, de un fenómeno.*

> *— Es la representación formal, simbólico de lo que existe en la realidad concreta.*

> *— Son representaciones esquemáticas que tenemos de algo, de un fenómeno.*

En la transcripción de una sesión con uno de los grupos de maestros, en la que se discutió sobre un documento en el que se categoriza un buen número de respuestas de ese grupo, como representación, se pueden leer afirmaciones como ésta:

> *hay una actitud prevaleciente en nosotros de ubicar o de estar ubicados en una escuela tradicional [...] seguimos pensando que el conocimiento se limita a una acción sujeto objeto; por lo que vemos, nosotros pensamos todavía que el conocimiento es un proceso mecánico [...] es algo que está construido y que el maestro posee, pues, lo podemos transmitir.*

En donde se puede notar una clara identificación, de un buen porcentaje del colectivo, con el sentido al que aluden las categorías; es decir, que de alguna manera el grupo se siente identificado con la categoría en la que se busca comprender su relación con el conocimiento. Igualmente puede reconocerse cómo ya hay un cierto tono distinto, una cierta criticidad del grupo frente a sí mismo, frente a sus posturas. No hay que olvidar eso porque permite mostrar cómo el trabajo de explicitación se va constituyendo también en una alternativa de reorganización de los sujetos. Un primer síntoma es entonces esa actitud crítica que comienza a asomarse respecto a sus concepciones de conocimiento.

Ahora bien, si se sigue analizando el primer grupo de respuestas, podrán encontrarse énfasis distintos en la idea general de que el conocimiento es una representación o imagen del mundo exterior. Dicho énfasis puede ser visto desde la perspectiva del camino o la manera como el sujeto llega al conocimiento.

En efecto, en respuestas como éstas:

> *— Conocimiento: son aquellos conceptos o estructuras que uno logra desarrollar y que están relacionadas unos con otros que me van a permitir entender y explicar ciertos fenómenos.*

> *— Serie de ideas o teorías que son procesadas por la mente del individuo, los cuales llevan a obtener un resultado sobre el objeto que se está conociendo o estudiando,*

se puede observar cómo "la idea" o "los conceptos" entendidos como conocimiento son el producto del desarrollo que hace el sujeto desde sí mismo. Si bien la representación explica el fenómeno, no se ve que parta de él. La relación idea—cosa, o no es un problema para este tipo de sujetos, o hay que pensarla en otro orden, diferente al del origen de la representación. Desde esta perspectiva, el sujeto desarrolla una representación que posteriormente atribuye a los objetos, sin que éstos sean la fuente. Las estructuras que el sujeto desarrolla se relacionan entre sí y van a permitir, *a posteriori,* entender o comprender la cosa.

Por el contrario, en la respuesta:

> *—Es el conjunto de estructuras que se logran desarrollar mediante la comprensión de los fenómenos y la identificación con aquello que se desea conocer,*

si bien se dice que el sujeto desarrolla sus estructuras, éstas tienen un origen mediado por la comprensión de los fenómenos; la estructura no se atribuye, tiene la fuente en el objeto. Observamos el desarrollo como camino hacia el conocimiento; sin embargo, a diferencia de la anterior podemos observar que dicho desarrollo está supeditado a la comprensión del fenómeno. La representación, el conocimiento, tienen un origen ya no en el sujeto sino en el fenómeno, pues dicho desarrollo está supeditado a la comprensión de aquel. Con todo, podemos afirmar que las respuestas reconocen un "proceso" o acto del sujeto desde el cual se dice que es posible la representación. Pero el conocimiento no es ese proceso sino la representación emanada de él, como ya hemos insistido.

Al primer grupo de respuestas, y teniendo en cuenta la diferencia con las segundas, se las ha comprendido bajo la categoría de *conocimiento como representación desarrollada por el sujeto.*

Por otra parte, en otro subgrupo de respuestas, de las cuales igualmente sólo transcribimos una mínima parte, se puede ver un énfasis distinto en la manera de comprender el camino por el cual el sujeto llega a tener eso que se llama conocimiento. En efecto, en las respuestas:

> *— Creo que el conocimiento ó entiendo, que es la recepción clara de las cosas, fijada en la mente del sujeto.*

— Es la apropiación—representativa que obtenemos del mundo circundante.

— Son los conceptos concebidos o adquiridos a través de la cotidianidad o a través de las ciencias. Estos conceptos guían nuestro actuar,

el énfasis está puesto nuevamente en la idea de que la representación es la esencia del conocimiento. Sin embargo, a diferencia del primer subgrupo, este permite pensar que en su concepción está latente la idea de que la aparición de la representación en la mente del sujeto es antecedida por un "proceso" de adquisición de "elementos" del mundo exterior. Los "conceptos", las ideas, según las respuestas en cuestión, son "adquiridas", "obtenidas", "recibidas" del "mundo circundante", de la "cotidianidad", de las "cosas". En tal sentido es fácil deducir que la mente es un objeto de reflexión o reflejo del orden del mundo. La representación emana del objeto.

Las anteriores respuestas pueden ser comprendidas bajo la subcategoría de *conocimiento como representación adquirida por el sujeto*.

Por último, en respuestas como las siguientes:

—Entendemos por conocimiento a las representaciones mentales—esquemas que tenemos de la realidad concreta.

—Son representaciones esquemáticas que tenemos de algo, de un fenómeno

—Saber continuo que complemente o corrige el anterior un hacer objetivo,

puede observarse un énfasis en lo dado en el sujeto. La representación aparece como patrimonio estable del sujeto. No se menciona ningún tipo de proceso o acción que lleve a esta representación.

Se sabe que la representación lo es del mundo pero no se sabe cómo el sujeto llega a ella. Podría insinuarse que estos sujetos dan por sentadas *a priori* las representaciones en el sujeto. Aseveración bastante probable si atendemos a la idea de que como sujetos culturales también nos constituye la concepción en la que se piensa que los sujetos nacemos siendo racionales y que traemos las ideas de manera innata.

Las respuestas de este subgrupo pueden comprenderse, por lo tanto, en la categoría: *conocimiento como representación poseída por el sujeto.*

Los términos "desarrollo", "adquisición" y "posesión" que aparecen en los materiales escritos, y que han permitido pensar en tres posibles maneras de entender la "aparición" de la representación en la mente del sujeto por parte de los docentes, pueden ser igualmente analizadas desde ciertas concepciones filosóficas que se han desarrollado en la cultura occidental. Desde el punto de vista de la epistemología genética, por ejemplo, las *representaciones* son entendidas como el *producto* de un proceso de desarrollo de los esquemas del sujeto; proceso que en Piaget es considerado como de naturaleza constructivista, pero que en otras posiciones es entendido como un camino natural o histórico de desenvolvimiento del sujeto. Las representaciones se desarrollan, en un mismo proceso, con el devenir del sujeto. Como sabemos, para Piaget el juego del desarrollo de las acciones y la interiorización de las mismas es lo que da origen a lo que podemos llamar las estructuras cognitivas del sujeto. Ese desarrollo se produce determinado por lo que el niño es genéticamente como ser humano. Las representaciones que el sujeto atribuye al objeto las construye aquel en ese proceso, sin que una imagen previa emanada del mundo las determine. En tal sentido, el proceso se lleva a cabo desde el interior del individuo que está en trance de devenir como sujeto. De alguna manera el primer subgrupo de respuestas permite pensar que un buen número de docentes, sin necesidad de haber leído a Piaget, está constituido al interior de esa manera histórica de pensar el problema del conocimiento.

Por otra parte, desde otro punto de vista en nuestra cultura se ha pensado que las imágenes o representaciones que el sujeto tiene en su mente son adquiridas a través de la experiencia, con lo cual se reconoce que son adquiridas o, lo que es lo mismo, tomadas del mundo exterior al sujeto. El sujeto en última instancia lo que hace es reflejar la imagen del mundo exterior en su mente. De ahí la famosa frase de Hume de que "nada hay en la mente humana que no haya pasado por los sentidos". Esta visión presupone que el mundo está ordenado en sí mismo y que los sentidos son el medio a través del cual el sujeto accede a ese orden. El conocimiento en tal sentido constituye un *a priori* de naturaleza distinta al sujeto. El conocimiento se yuxtapone o sobrepone al sujeto, a manera de copia o imagen, en la medida en que este último se deje afectar. El conocimiento es una cosa que perteneciendo a la naturaleza del objeto se encuentra en algún momento en el sujeto. La naturaleza del sujeto y la del objeto se sobreponen; paradójicamente la naturaleza objetiva del conocimiento debe descansar en la naturaleza del sujeto sin dejarse contaminar. Al igual que en el caso anterior, podemos observar cómo las respuestas clasificadas en el segundo subgrupo de alguna forma permiten pensar que un buen número de docentes, sin necesidad de haber leído a Lock o a Hume, están constituidos al interior de una manera histórica de concebir el problema del conocimiento.

Por último, las representaciones que posee el sujeto han sido pensadas históricamente también como una posesión garantizada, en la mayoría de los casos, por una condición *a priori* en la constitución de tal sujeto. Las ideas claras y distintas, las representaciones más simples del mundo exterior, por ejemplo, son semillas que un dios le puso en la mente al hombre para que conociera. Las ideas, las representaciones, el conocimiento, son innatos, son una posesión innata del sujeto (cf. Descartes, 1984).

Con todo, las tres caracterizaciones que hemos hecho sobre el conocimiento como representación, si bien obedecen a concepciones diferentes sobre el origen, responden a una idea generalizada de la imagen de la naturaleza en la mente que conoce. El conocimiento concebido como representación se centra en la imagen, adecuada o no, exacta o no, que el sujeto desarrolla, adquiere o posee de la naturaleza; lo que parece deja de lado la noción de actividad e iniciativas del sujeto como operaciones que en sí mismas constituyen conocimiento. Es decir, la idea de que el sujeto conoce en la acción y las operaciones que ejerce sobre el medio, sobre sí mismo y sobre los demás. Entendiendo por ese *en,* no la mediación sino la naturaleza misma de lo que ha de nombrarse como conocimiento.

La categoría "conocimiento como representación" permite pensar en una concepción milenaria sobre el conocimiento, que lo identifica con algo estático. La representación fidedigna del mundo de los hechos ha sido, por muchos siglos, el objetivo del hombre de conocimiento. Recibiendo nombres diversos tales como "adecuación entre la idea y la cosa" o "verificación de la teoría", entre otros, los hombres se han dado a la tarea de reflejar de manera adecuada, en su "mente de vidrio", el orden de la naturaleza. El producto de este esfuerzo, de este interés o pasión es, supuestamente, el conocimiento, la representación. "Separada" del esfuerzo humano, la representación pasa a ser un acumulado con el que se puede negociar: una *cosa.* Dotada, imaginariamente, la representación de tal "contenido empírico", se convierte entonces en información susceptible de ser manipulada o trasmitida de generación a generación en forma de contenidos.

El hecho de que esta concepción diferencie la naturaleza del sujeto de la naturaleza del conocimiento se constituye en un motivo de detención del sujeto, del pensamiento, por cuanto lo coloca en estado de extrañamiento de aquello que lo constituye y que es también fuente de su propia dinámica emergente. Ese acto de extrañamiento que divide al sujeto y lo pone a diferenciar entre lo objetivo y lo subjetivo provoca en él un desdoblamiento de su propia identidad; acto en el cual, al buscar la objetividad, la cosificación, la formalización como una cualidad fuera de sí mismo, en las cosas, lo que logra es cosificarse a sí mismo. Si el conocimiento, lejos de ser una propiedad representativa externa al sujeto, es una condición intrínseca de su propia dinámica, es decir una manera de operar, entonces buscar la objetividad fuera de él constituye una relación imaginaria que lo cosifica; ocultando el hecho de que al buscar en las cosas lo que en realidad está haciendo es buscarse a sí mismo, su manera particular de comprender y ordenar lo real; el sujeto lo que logra es perderse en una cualidad que no corresponde a su naturaleza. En ese proceso reprime el despliegue de las condiciones de su propia subjetividad, es decir, inhibe, reprime su desarrollo. La concepción de conocimiento como cosa externa y de naturaleza distinta al sujeto—docente, reprime su desarrollo.

Cuando la tarea de transmitir aparece como una "necesidad" institucionalizada, esto es, cuando la escuela se hace necesaria como espacio de recontextualización, la cuestión se complica, pues la pretensión de recontextualización del conocimiento se convierte, a la luz de las consideraciones anteriores, en un ámbito socialmente constituido y legitimado para inhibir el desarrollo de los sujetos—estudiantes.

Conocimiento como operación

Aunque en una proporción definitivamente menor, pueden encontrarse unas respuestas de los docentes que identifican el conocimiento con la acción del sujeto. Este dato es fundamental porque remite a pensar otras posibilidades de comprender lo que se ha llamado tradicionalmente conocimiento, como imagen del mundo. No existe sólo una manera, una perspectiva de comprender lo que se denomina conocimiento.

En las respuestas,

> *— Entiendo por conocimiento al conjunto de aptitudes para desarrollar una determinada actividad o transformar una determinada situación que beneficiará al sujeto en una forma integral.*
>
> *— El conocimiento es la construcción que el sujeto (el hombre) hace de la realidad, es decir, es la construcción de la realidad misma.*
>
> *— Es la aptitud sicomotriz que desarrolla el sujeto para expresar una realidad, a cerca de la forma como percibe un fenómeno o situación cualquiera, que beneficia al sujeto individual y a si entorno,*

por ejemplo, a pesar de la carencia de un desarrollo del concepto, se hace evidente que el conocimiento es comprendido, o por lo menos se identifica con un movimiento, una acción del sujeto. Tanto la interacción, la interiorización, como la construcción y las aptitudes del sujeto, privilegian las acciones y las operaciones de éste. El conocimiento aquí no es comprendido como un supuesto resultado o formalización de la actividad, es *toda la acción* permanente del sujeto que interactúa con lo real y construye "formas" de ser y de estar en el mundo; estados cada vez más ricos en determinaciones o en posibilidades. Entendido así, el conocimiento no es una imagen de la naturaleza, es una forma de actuar en ella. El desarrollo de las acciones y las operaciones del sujeto es el desarrollo del conocimiento y del sujeto mismo.

Pero, al igual que en el caso de la concepción de conocimiento como representación, las respuestas que se están analizando comprenden esa acción del sujeto de manera distinta, lo cual sugiere el establecimiento de otras subcategorías para comprender mejor las concepciones de conocimiento que subyacen a estas respuestas.

Así, por ejemplo, en las respuestas:

> *— Entiendo por conocimiento al conjunto de aptitudes para desarrollar una determinada actividad o transformar una determinada situación que beneficiará al sujeto en una forma integral.*

> *— Es la aptitud sicomotriz que desarrolla el sujeto para expresar una realidad, a cerca de la forma como percibe un fenómeno o situación cualquiera, que beneficia al sujeto individual y a su entorno,*

la actividad es entendida como aptitudes del sujeto que le permiten "desarrollar" o "expresar" algo. Esa aptitud, y no sus resultados o consecuencias, es lo que se comprende como conocimiento. En tal sentido pueden pensarse agrupadas esas respuestas con la categoría de *conocimiento como operación entendida como aptitudes del sujeto*, en tanto las aptitudes son formas de operar del sujeto que expresan o transforman situaciones.

Por otra parte, en respuestas como la siguiente:

> *— El conocimiento es la construcción que el sujeto (el hombre) hace de la realidad, es decir, es la construcción de la realidad misma,*

se puede observar cómo la acción, la operación, es una construcción que el sujeto hace de la realidad, razón por la cual se puede comprender en la categoría de *conocimiento como acción u operación por construcción*.

Cabe entonces preguntarse: cuando el conocimiento, como en el caso de estas últimas respuestas, no es comprendido como siendo de naturaleza representativa, entonces, ¿de qué otra manera puede comprenderse?

Para responder a la pregunta hay que aludir a otra tradición que se relaciona distintamente con esa "realidad" histórica que nombramos como conocimiento, en la cual éste aparece como maneras diversas de interactuar de lo humano en un proceso constructivo.

Piaget y Bachelard han enfatizado, cada uno desde su postura ideológica, en la necesidad de reconocer la naturaleza operativa del conocimiento, diferenciándola de la postura positivista que no es más que un "estado", una detención del pensamiento humano, en otros términos, un obstáculo epistemológico.

Piaget, por ejemplo, reconoce la naturaleza operativa del conocimiento y la ubica incluso en la base de la lógica.

Así, Rita Vuyk, en su lectura de Piaget, distingue, en el sistema de las funciones cognitivas, los aspectos figurativo y operativo. Según ella

> *la manera más sencilla de distinguir estos aspectos es diciendo que el aspecto figurativo nos proporciona un conocimiento de los estados, mientras que el aspecto operativo lleva al conocimiento de las transformaciones (1984:116).*

Es sabido que a Piaget le preocupó fundamentalmente dar cuenta de las propias transformaciones; de ahí su insistencia en la pregunta por el devenir del sujeto, que es el devenir del conocimiento. Sin embargo, también es cierto que se ocupó en gran medida de los estados de equilibrio, con lo cual es posible afirmar que Piaget se convierte en deudor de la problemática tradicional que tiene como base la idea del conocimiento como algo reductible a una esencia, sustancia o cualquier tipo de estructura estática y, por lo tanto, es posible que esta manera de entender bi—filosófica haya permitido ocultar de alguna forma la naturaleza operativa del conocimiento que él había intuido; es más, que él había reconocido como determinante; intuición que le permite afirmar que

> *con Bachelard la transición misma de una etapa a otra es la que se convierte en problema. Si se puede concebir una epistemología genética especializada en el estudio del incremento de los conocimientos en sí, la obra de Bachelard constituye la unión más íntima entre el análisis histórico y la preocupación genética por la constante precisión con la que este autor localiza el problema epistemológico en las propias transformaciones. (1972:273).*

Todo esto a sabiendas de que Bachelard ha denunciado la formalización del conocimiento como una detención del espíritu científico. Si Bachelard localiza el problema epistemológico en las propias transformaciones es porque a él lo constituye una concepción de conocimiento operativo, dinámico, y se debate menos en la dicotomía entre conocimiento como representación, como resultado y conocimiento como operación o interacción. Para Bachelard "la epistemología debe ser tan *móvil* como la ciencia" (1978:17) y "el racionalismo es una filosofía que no tiene comienzo, siempre vuelve a empezar. Cuando lo definimos en una de sus operaciones, hace rato ha empezado de nuevo". (1971:32).

Dentro de los aspectos figurativos, reconocidos por Piaget, se encuentran las siguientes funciones: la percepción, la imitación, la formación de imágenes mentales y la memoria. Por su parte, los aspectos operativos los constituyen las siguientes funciones: las acciones, las operaciones y sus coordinaciones en estructuras.

Podemos afirmar, por lo tanto, que en Piaget cohabitan dos maneras distintas de comprender el conocimiento: una "estática", que se refiere a la función figurativa, y otra dinámica, que se refiere a la función operativa. Sin embargo, es necesario reconocer que la función figurativa no se refiere, en Piaget, a una imagen fiel de la realidad, pues él insiste permanentemente en el aspecto constructivo, incluso, de la misma percepción y de la memoria. Por ello Vuyk afirma que "el aspecto figurativo no puede funcionar sin el aspecto operativo". (1984:121).

Un ejemplo de esta determinación lo podemos encontrar en el trabajo sobre "las actividades mentales en relación con las expresiones simbólicas, lógicas y matemáticas", de Piaget (1982: 119—147). El autor anuncia allí que "las estructuras lógicas corresponden a las actividades mentales de los sujetos". En este sentido la lógica no puede ser entendida como puro simbolismo vacío, como el reflejo de ideas, como modelos que se imponen a la inteligencia humana desde fuera. Por el contrario, la lógica descansa sobre las operaciones del sujeto individual y social; sin embargo, el descansar no la identifica plenamente con la actividad misma. Hay un reconocimiento de lo que se pretende desconocer. El problema radica en la división entre figurativo y operativo.

Otros autores han hecho, igualmente, la diferenciación del conocimiento entendido como algo de naturaleza estática o como algo de naturaleza dinámica. Podemos mencionar un caso. En el número 5 de la revista *Pedagogía y saberes,* de la Facultad de Educación de la UPN, Jairo Gómez Esteban (1994) recoge por lo menos cuatro maneras, aparentemente distintas, de ver cómo en la época contemporánea se entiende la representación: como percepción, como reproducción de percepciones pasadas, como anticipación de eventos futuros o imaginación y, por último, representación como forma de funcionamiento del pensar.

Si se tratara de mantener un término, habría que decir que el conocimiento que en esta investigación se ha denominado operativo se relaciona, de alguna manera, con esta última categoría en tanto funcionamiento, pero ya se ha advertido que hay un tipo de funcionamiento que se ha entendido como figurativo, por lo menos en Piaget, que de cierta forma reconoce lo figurado como independiente del sujeto, como un producto, y no es precisamente ese tipo de resultado el que se ha querido subrayar en los momentos de este trabajo en los que se habla de operación; porque la operación no tendría algo exterior a ella de lo cual pudiera predicarse una existencia autónoma. La idea que Gómez recoge como funcionamiento del pensar hace creer en una actividad mediadora de algo que posteriormente se va a constituir en el acumulado cultural.

Es necesario enfatizar en la idea de que la operación no debe ser comprendida como un medio para acceder, construir o reconstruir una esencia o una imagen del mundo. La operación en tanto interiorización de las acciones del sujeto e interacciones concretas de éste, constituye en sí misma conocimiento. Sería conveniente hablar de niveles de desarrollo de las operaciones, de tal suerte que se predique distintamente del conocimiento como acción instrumental y del conocimiento como emancipación, entre otras maneras posibles de diferenciación.

ANÁLISIS DE LAS RESPUESTAS A LA PREGUNTA: ¿CÓMO CREE USTED QUE EL SUJETO CONOCE?

En la clasificación de las respuestas a la pregunta *¿Qué entiende usted por conocimiento?* y específicamente en el grupo categorizado como representación, se puede observar que en ellas se alude, de alguna manera, a algo de naturaleza dinámica como camino, desarrollo o adquisición de la imagen del mundo en la mente del sujeto; sin embargo, se presenta un gran énfasis en el reconocimiento de que tal imagen o representación es el conocimiento. En un alto porcentaje las respuestas a la pregunta *¿Cómo cree usted que el sujeto conoce?* denotan un mayor énfasis en el reconocimiento de esa cierta naturaleza dinámica del proceso de desarrollo y/o adquisición del conocimiento. Sin embargo, lo que se puede mostrar es que, a pesar de este énfasis, la concepción sobre la naturaleza del conocimiento se mantiene. En efecto, cuando se pregunta directamente por la naturaleza del conocimiento la respuesta alude de manera directa a la naturaleza representativa del mismo; cuando la pregunta es indirecta, como en el caso de *¿Cómo cree usted que el sujeto conoce?* se hace énfasis ya no en la naturaleza representativa, sino en la naturaleza dinámica del "proceso" que lleva al sujeto a tal representación. La acción, la operación del sujeto, es reconocida por los docentes como elemento constitutivo del proceso del conocer; sin embargo, tal actividad a la vez es comprendida sólo como un camino que lleva a la representación. El reconocimiento del sujeto como fuente de iniciativas y de acciones en la construcción del conocimiento no toca la concepción de conocimiento que los instituye como forma dominante; en lo cual puede advertirse una cierta cohabitación de dos tendencias en la comprensión de lo que se ha dado por denominar conocimiento.

En función de la razón dada para mantener las categorías en el análisis y categorización de las respuestas a la primera pregunta del cuestionario, y teniendo en cuenta lo que permiten pensar las respuestas mismas a la segunda pregunta, se han mantenido, como hilo conductor, las dos categorías que se construyeron para clasificar las respuesta a la primera pregunta: *conocimiento como representación y conocimiento como operación.*

Sin embargo, puede reconocerse un grupo de respuestas que no permiten claramente ser comprendidas en una u otra categoría, por lo cual se ha abierto una tercera categoría que inicialmente recibe el nombre de *respuestas ambiguas,* porque en realidad más que aludir a otra tercera forma de concebir el conocimiento, más bien presentan una *sobreposición* de las dos. De ahí, podría afirmarse, ha surgido la idea en esta investigación de pensar el sujeto epistémico no como un recipiente de informaciones contradictorias, sino, y fundamentalmente, como un sujeto policognitivo, esto es, como un sujeto constituido por las mismas tensiones históricas que explican las resistencias y las tendencias privilegiadas en lo relativo al problema del conocimiento humano.

Las acciones del sujeto como camino para llegar a la representación

En respuestas tales como:

> *—El sujeto conoce a través de la relación que logra establecer entre sus estructuras internas y externas que le permiten formar su propio concepto.*

> *—El sujeto conoce a través de un proceso mental y reflexivo en interacción con el objeto de conocimiento.*

> *— El sujeto conoce a través de la renovación de su entendimiento.*

> *— El sujeto conoce mediante un proceso de construcción de la realidad que implican acciones internas de elaboración y re elaboración por parte del sujeto que conoce.*

> *— Conoce a través de la reflexión de la concepción de la apropiación de conceptos. A través de la interacción entre el sujeto y el objeto,*

las expresiones: "a través de", "mediante un", hacen las veces de conectores entre el sujeto que conoce y las acciones por las que conoce, de tal suerte que las acciones no se constituyen en el conocimiento sino en un medio para llegar a él. El sujeto conoce, por ejemplo, "a través de las relaciones" (que de hecho son operaciones) que él establece entre "sus estructuras internas y externas"[25],

---

25 La ambigüedad de la expresión no se puede ocultar. ¿Cuáles son esas "sus estructuras externas"?

las cuales le "permiten formar su propio concepto", es decir, su propia representación o conocimiento. Entre el conocimiento y la operación del sujeto que conduce al mismo hay diferencias de naturaleza: la una es dinámica, la otra es estática, resultado, final. Esta diferencia sólo es posible gracias a la división que se hace entre el conocimiento como resultado y el "proceso" como camino. División que aparece casi siempre en las respuestas a la primera pregunta. Aquí la consecuencia de tal división es entender el "proceso" como lo que conduce al conocimiento y no como el conocimiento mismo. Lo fundamental de esta explicitación es el camino que abre para preguntarse si el conocimiento es el resultado de un proceso o es el proceso. Si se afirma que es el resultado, entonces ¿cómo y en qué momento se diferencia del proceso del que emerge? Una vez diferenciado ¿qué sucede con la naturaleza dinámica que le da origen? Estas son inquietudes que podrían ser resueltas en otro contexto discursivo.

LAS INTERACCIONES DEL SUJETO COMO CONOCIMIENTO

A diferencia del anterior grupo, respuestas como:

> *— Digo que el sujeto conoce cuando en él podemos valorar una serie de actitudes que dejan entrever las capacidades de reconocimiento y solución de problemas prácticos o teóricos y permiten a este una realización individual o colectiva.*

> *— El sujeto conoce interactuando con otros y con las cosas mismas o sea en una relación dialéctica con los cosas,*

no presentan de manera evidente lo que se ha llamado conectores en la anterior reflexión, lo que permite pensar en una identificación entre conocimiento y operación. En efecto, decir que el sujeto "conoce relacionando" y no a través de la acción de relacionar, parece identificar, o por lo menos no abrir, la división entre conocimiento y operación. Igualmente sucede con la afirmación "conoce interactuando", donde no se explicita de manera evidente una diferenciación entre la acción y el conocimiento por parte de quien afirma. El hecho de que esta escisión no se presente en algunas respuestas, permite interpretar que en ellas conocimiento y subjetividad son una y la misma cosa, pues el conocimiento no se presenta desprendido de la actividad que constituye al sujeto.

ANÁLISIS DE LAS RESPUESTAS AMBIGÜAS: UN DATO IMPORTANTE

En respuestas como:

> *— El sujeto conoce relacionando ideas de la realidad concreta o de ideas abstractas e internalizadas realizando un proceso mental que es propio de cada sujeto según sus circunstancias de cultura, desarrollo intelectual etc.*

> *— El sujeto conoce cuando interioriza formas y conceptos propios de una situación.*

> *— El sujeto conoce a través de los sentidos, planteándose interrogantes y tratando de darles soluciones a éstos.*

> *— El sujeto conoce en la medida que se interese por conocer el objeto, para transformar, ampliar y explicar su propia naturaleza y su entorno.*

> *— Se conoce por la percepción de las cosas a través de los sentidos y por la representación conceptual en la mente del sujeto.*

> *— El sujeto conoce a través de la comprobación de*

esa realidad o sea que el sujeto observa (experiencia sensible) y comprueba esa realidad (razonamiento).

— El sujeto conoce cuando es capaz de reconocer hechos vividos o experimentados.

— El sujeto es eliminado en el conocimiento, conoce a través de los patrones culturales, familiares, sociales y por su propia individualidad, mediante la confrontación con los referentes universales y haciendo uso de su afectividad en la adherencia y asimilación de saberes.

— El sujeto conoce a través de su contacto directo con la naturaleza con la sociedad y con el conocimiento ese contacto le permite conocer la realidad del entorno social, cultural y natural,

se observa una ambigüedad tal en la manera de operar, que hace difícil su clasificación en una de las categorías propuestas. Pero el problema no radica en que no se acomoden a una categoría arbitrariamente constituida, sino que ellas parecen comprender las dos categorías. En otros términos: la mayoría de estas respuestas comprometen tanto la naturaleza dinámica, como la naturaleza estática de lo que se llama conocimiento. Si bien puede notarse un mayor peso, en la información, de la idea de conocimiento como resultado, también se puede apreciar en ella un pequeño énfasis en las iniciativas y acciones del sujeto siendo constitutivas del conocimiento.

En efecto, cuando se afirma que "el sujeto conoce a través de los sentidos, planteándose interrogantes y tratando de darles soluciones a éstos", se cruzan por lo menos dos concepciones. Por una parte la afirmación "a través de los sentidos", hace de los sentidos un medio. No hay que hacer mucho esfuerzo para saber que quien responde alude a la tradición empirista para la cual el sujeto es un receptor de ideas que se encuentran en la realidad externa, ideas que se adquieren a través de los sentidos. Esta concepción ha sido criticada precisamente por concebir al sujeto como una *tábula rasa* que adquiere pasivamente las primeras impresiones del mundo externo, las imágenes.

Pero al mismo tiempo, y sin una lógica discursiva precisa, en la respuesta se afirman unas formas concretas de operatividad del sujeto: "planteándose interrogantes" y "tratando de darles soluciones"; interrogarse, dar soluciones, son operaciones que realiza el sujeto, y ellas, en la respuesta aparecen unidas indiferenciadamente a la idea mencionada con anterioridad, con lo cual se puede observar una cohabitación de por lo menos dos problemáticas que en el curso de la historia de la epistemología se han diferenciado como contextos filosóficos distintos. Problemáticas que aparecen entonces constituyendo las respuestas posibles de los sujetos y por lo tanto a los sujetos mismos. Una que concibe el conocimiento como un proceso o actividad, otra que lo comprende como un resultado o imagen de lo externo en la mente del sujeto.

Por su parte, en la afirmación:

> *el sujeto conoce relacionando ideas de la realidad concreta [...] realizando un proceso mental que es propio de cada sujeto según sus circunstancias de cultura, desarrollo intelectual, etc.*

la idea de que el sujeto conoce relacionando y realizando un proceso mental hace pensar en un paradigma que reconoce la naturaleza dinámica del conocer; sin embargo, afirmar al mismo tiempo unas "ideas de la realidad concreta", como aquello que el sujeto relaciona, remite a un paradigma distinto que piensa lo eidético por fuera, separado de la actividad del sujeto. La idea separada del sujeto sólo puede ser pensada como una identidad, como una presencia, como una esencia, términos todos que aluden a una materialización, a una cosificación.

Si se contextualizan estas respuestas en el proceso evaluativo que los mismos docentes hacen permanentemente por escrito, puede notarse que la ambigüedad responde más bien a una cierta constitución propia de los sujetos, que oscila en la tensión entre lo que en ellos hay de dinámico, que hace pensar en el conocimiento como algo de naturaleza semejante, y la larga tradición que refuerza permanentemente la idea de que el conocimiento es algo estático.

Así, por ejemplo, en la transcripción de uno de los videos que recogen las discusiones de los maestros puede leerse:

> *el concepto de conocimiento está bien categorizado, lo que observamos es que el concepto de conocimiento uno mismo tiene la necesidad que hay que darle una reorganización reflexiva, entonces, uno de pronto uno comienza, el conocimiento es transmitir, es dar algo y parece que dijera como punto seguido es llevar a que él reconstruya su propio saber [...] Comienza diciendo el conocimiento es dar esto, una representación y vuelve otra vez y parece que a uno se le prende la chispa y pone uno al estudiante a que construya, hay contradicciones en las categorizaciones.*

¡Prendérsele la chispa!, curioso dato que hace pensar en un sujeto que tiene algo apagado, opacado y sólo se le enciende cuando piensa en el otro, en el estudiante que debe construir su propio saber. Tan fuerte ha sido el proceso de formación dentro de una subjetividad dominante, que le "impide" verse a sí mismo como el que debe construir conocimiento; sin embargo, ese mirarse en el otro puede ser significativo, a punto de que en un proceso de rectificación social ese sujeto epistémico policognitivo puede salir a flote con un grado mayor de conciencia sobre su misma diversidad.

En otra parte de la transcripción se puede leer:

> *creemos que en el grupo tenemos la dificultad de aspirar a un conocimiento por acción u operación considerando que la interacción es lo más dinámico y productivo del sujeto, pero que sin embargo, nosotros no encontramos de que cuando en la discusión queremos que el conocimiento por acción u operación nuevamente regresamos al conocimiento por representación.*

A pesar de lo críptico de la escritura, el texto anterior permite ver el debate interno entre las dos tendencias; se habla de conocimiento como acción y como representación haciendo un esfuerzo por diferenciarlos y tomar posición al respecto; sin embargo, la concepción de conocimiento como representación es tan fuerte que el sujeto encuentra dificultad incluso en lo que llama aspiración a un conocimiento por acción. Con el término "aspiración" los docentes dejan ver cómo la concepción hegemónica se impone haciendo pensar que el conocimiento comprendido como acción es algo que esta por fuera del sujeto. Lo excluyen de su cotidianidad; el conocimiento como operación es pensado como algo externo que se puede alcanzar. No se ha podido reconocer que hablar de conocimiento como operación es una manera de referirse a sus propias formas concretas de operar mentalmente, a su propio desarrollo que es individual y colectivo, a sus formas concretas de interactuar.

Capítulo 3

Obstáculos epistemológicos y pedagógicos del proceso investigativo

Este capítulo recrea analíticamente una de las sesiones plenarias con uno de los colectivos de maestros, en la cual se hizo presente una serie de dificultades que se pueden considerar propias de un proceso que pretende convertir la docencia en un espacio de investigación. Así mismo, se presenta un acercamiento al proceso buscando interpretar lo que sucedió en esa sesión con dicho colectivo. Se trata de una discusión en la que retomo las inquietudes de los maestros y las comento aludiendo al momento en el que ellas aparecen[26].

---

26   El texto habría que leerlo, por lo tanto, teniendo en cuenta que hay unas intervenciones de los docentes que aparecen básicamente como pregun-

Las discusiones en las plenarias son un escenario en donde se puede evidenciar que la concepción de conocimiento como cosa, como representación, no es sólo una noción que posee un grupo de sujetos y de la cual se pueden desprender reemplazándola por otra que viene a ocupar este vacío; por el contrario la concepción hace parte constitutiva del sujeto, de su identidad, y por lo tanto "cambiar" la concepción para posibilitar otra manera de mirar la educación institucionalizada, implica transformar o más exactamente reorganizar al sujeto del que dicha concepción es constitutiva.

Con el fin de presentar una síntesis este capítulo se organiza en torno al eje reorganización del sujeto, dejando ver cómo en las discusiones que tienen como fin avanzar en el *análisis* de las concepciones de conocimiento que instituye a los sujetos, aparecen dificultades emotivas que deben ser comprendidas como constitutivas del proceso de explicitación de dichas concepciones. Podrá notarse cómo las preguntas no deben ser recuperadas sólo con el fin de responderse, sino con el fin de identificar la función que desempeñan según el momento en el que aparecen.

Así, la sesión reorganizada, que a partir de este momento comienza a presentarse, debe ser leída como un caso paradigmático que recoge en lo esencial un pensamiento generalizado en los maestros respecto al discurso epistemológico en particular y al discurso especializado en general. Cada vez que el discurso presenta

---

tas y unas intervenciones que hago a propósito de ellas. En tercer lugar aparece la interpretación que propongo de la discusión, básicamente para señalar dónde reconozco un obstáculo pedagógico y/o epistemológico. Para una mayor comprensión de la lógica que se desea producir, se han utilizado las cursivas para distinguir las intervenciones que los docentes hecen en la discusión. El tratamiento que hice en esa oportunidad a esas intervenciones se presenta entre paréntesis y con letra más pequeña; por último, las interpretaciones que realizo de esa sesión se presentan en letra normal.

una dificultad en su comprensión, los docentes remiten la solución a que se les informe sobre los elementos mínimos necesarios para entender lo que se está diciendo, como si esos elementos mínimos existieran y fueran susceptibles de ser transmitidos.

Dicho lo anterior, miremos entonces cómo al iniciar una sesión cualquiera, destinada para realizar un análisis colectivo de una información que los participantes habían recogido de las instituciones donde trabajan, plantearon como dificultad para comprender lo que en ellos estaba ocurriendo, falta de contenidos, de bases, de teoría.

Apareció, pues, nuevamente el eco de esa voz a la que se hizo alusión en la presentación de los antecedentes, que pide hacer clase, que sean transmitidas las bases para poder continuar. Voz que requiere los conocimientos básicos, la información "necesaria" como condición para acceder a un saber.

Afirmaciones como ésta:

> *en textos como el de María Jesús Gallego se dificulta la lectura comprensiva por las demasiadas citas,*

o una evaluación, referida a uno de estos espacios de discusión, por parte de un docente, donde se afirma:

> *Andrés (...) con su charla de la vez pasada también nos hizo comprender dónde está el origen de este problema*

(refiriéndose a las dificultades para acceder al discurso epistemológico)

> *Lo acepto: la gran dificultad está en la falta de una buena (?) estructuración mental. Pero bueno, el reto está ahí. Siento y no sé si estoy equivocada que la*

falta de una base teórica filosófica es la que dificulta avanzar en este campo,

permiten entender, por una parte, que para los maestros las dificultades de emergencia y/o construcción del conocimiento se encuentran en la carencia de bases, de contenidos mínimos. Demasiadas citas, por ejemplo, dificultan la lectura porque no se tienen las bases para comprender todos y cada uno de los autores citados. Por otra parte, la aceptación de que la dificultad está en la falta de una buena estructuración mental, sobre todo con el signo de interrogación que se le coloca a la afirmación, no puede confundir: hay una cierta ironía que debe ser reconocida en la escritura. Como los docentes, según se vio en el capítulo anterior, conciben el conocimiento como información, copia, resultado, entonces la idea del desarrollo de las operaciones e interacciones constitutivas del sujeto, condición para participar de un campo problemático específico, o no se entiende o es considerada una idea de mal gusto: una ofensa.

LA PROBLEMÁTICA

En la sesión que se va a analizar los docentes llegaron afirmando que:

> *tenemos muchas dificultades con el seminario de epistemología que podrían resolverse con una presentación de los fundamentos de cada una de las escuelas filosóficas.*

Frente a esta reiterativa petición de principio, y las ya mencionadas, se optó por proponer el análisis y desarrollo de la tesis de Piaget sobre la naturaleza operativa de la inteligencia.

A continuación, se transcribe el tratamiento que se le dio a la tesis de Piaget:

104

"Vamos a iniciar, entonces, esta sesión comentando una cita de Piaget que se encuentra en su libro *Psicología y epistemología* (1971). La idea es posibilitar un análisis de, por lo menos, dos formas de comprender lo epistemológico. La cita de Piaget es la siguiente":

> *En cada una de sus manifestaciones, el conocimiento refleja la inteligencia humana que, por su naturaleza operatoria, procede de la acción completa; y es mutilar el carácter de construcción indefinidamente fecunda que presentan este conocimiento, esta inteligencia y esta acción, el querer reducir el primero al papel pasivo de simple registro con el que el conocimiento tendría que contentarse en la hipótesis de su origen sensorial. (Piaget, 1971: 112).*

"La afirmación de que el conocimiento refleja la inteligencia humana introduce de alguna manera un principio de identificación entre lo que Piaget entiende por conocimiento y lo que entiende por inteligencia. Para él, conocimiento e inteligencia se identifican en un acto que inicialmente es reflexivo. Pero esta identidad, reconocida como principio en su sistema, carecería de valor sin la proposición que la complementa y dota de sentido; en efecto, seguidamente Piaget reconoce la naturaleza operatoria de la inteligencia, con lo cual, por transitividad, nos conduce a sospechar sobre la naturaleza del conocimiento".

"La fórmula piagetiana: conocimiento—inteligencia—operación, introduce la sospecha de que el conocimiento, lejos de ser un acto pasivo de aprehensión de un objeto, es decir una representación, es un acto de naturaleza operatoria".

"Si el conocimiento científico es el reflejo de la inteligencia y ésta, a su vez, es de naturaleza operatoria, se impone la necesidad de reconocer la naturaleza operatoria del conocimiento científico".

"Por lo tanto, desde el punto de vista de la epistemología constructivista de Piaget, debemos entender el conocimiento como un proceso de naturaleza operatoria que consiste en pasar de un conocimiento menor a un estado más completo y eficaz (Piaget, 1971: 13); es decir, de un estado de menor determinación a un estado de mayor determinación; entendiendo por determinación la operación mental que consiste en un proceso de construcción de relaciones, o, en otros términos, en una síntesis dinámica de relaciones".

"Piaget hace énfasis, en buena parte de su obra, sobre esta naturaleza propia del conocimiento. Éste no es una imagen pictórica del mundo, una representación; por el contrario es una serie de operaciones de la mente humana que históricamente se han desarrollado: "si la verdad no es copia, entonces es una organización de lo real". (Piaget, 1969: 331).

"Si de la faz del mundo desapareciera la naturaleza operatoria de la inteligencia humana, el conocimiento humano desaparecería en la medida en que este no se encuentra en los libros o en los computadores como información: hablar de conocimiento acumulado es una forma errónea de referirnos a las operaciones mentales de los hombres".

"Entonces, volviendo a la inquietud inicial, ¿cómo podríamos entender, desde estas dos perspectivas, el problema del acceso al discurso epistemológico?"

"Desde el punto de vista positivista, acceder al discurso epistemológico consistiría, poco más o menos, en un ejercicio de reconstrucción de la historia de la epistemología, lo cual equivale a hacer una historia de las diferentes teorías del conocimiento; de tal suerte que iniciando, para el caso de la historia de la epistemología de occidente, con Tales de Mileto, pudiéramos acceder al sentido último de sus planteamientos y, así, continuar con Anaxímenes, Anaximandro y todos los denominados presocráticos; llegar a Sócrates, buscar su historia en Platón y, de paso, entender a Platón; hacer lo propio con Aristóteles. Y así hasta el infinito, pues todos ellos y sus sucesores, hasta la época actual, tienen sus críticos y sus neocontinuadores. De tal suerte que la reconstrucción nos ocuparía las veinticuatro horas del día de todos nuestros días y seguramente no llegaríamos ni a Sócrates, al final de nuestros días, con lo cual podríamos afirmar que nuestra empresa de reconstruir, para nosotros, tal historia estuvo condenada al fracaso".

"Pero el fracaso no es sólo cuestión de tiempo. La empresa misma es un sin sentido, en la medida en que ella se soporta en una concepción de conocimiento que está demostrando su inadecuación histórica. La idea de un conocimiento—información se revela ante los desarrollos contemporáneos de la epistemología como un error histórico o, más exactamente, como un obstáculo epistemológico. En efecto, nada ha retardado más el desarrollo de los saberes específicos que la propia concepción que en el interior de los mismos los sujetos tienen sobre la naturaleza figurativa del conocimiento".

"La búsqueda de la idea adecuada y la de la formalización del método, ha ocultado el ejercicio real de desarrollo de las operaciones de los sujetos, involucrados históricamente en un sistema operativo hacia el que una comunidad específica se ve atraída".

"La naturaleza operatoria del conocimiento implica reconocer que no hay conocimiento fuera de tal operatividad y que, por lo tanto, postular un saber independiente de los desarrollos específicos de los sujetos que operan mentalmente, que conocen, es un contrasentido. Sin embargo, es pertinente recordar de nuevo los desarrollos de Piaget en relación con las interacciones individuo—sociedad, como cuando afirma que"

> *la sociedad es la unidad suprema y el individuo no llega a sus invenciones o construcciones intelectuales más que en la medida en que es la sede de interacciones colectivas, cuyo nivel y valor dependen, naturalmente de la sociedad en su conjunto (1969: 337).*

"Es interesante pensar cómo Glasersfeld —quien ha comprendido la distinción entre conocimiento figurativo y conocimiento operativo— cae en la trampa de la concepción tradicional cuando, pretendiendo prescribir una manera de acercarse a las operaciones del alumno, afirma que lo que importa no es la respuesta particular, sino la manera como se logró (1994: 70). ¡Claro que la respuesta también importa! Pero no la respuesta entendida como estado final y producto de las operaciones del sujeto, sino la respuesta entendida, ella misma, como operación. La idea de la formalización de los resultados de los procesos plantea el problema de un orden teleológico del desarrollo de un concepto y por lo tanto del desarrollo del sujeto. Además, presupone la noción de proceso como pasos o etapas y no como una red de relaciones que concurren necesariamente y, en ocasiones, de manera contingente, a producir lo que tradicionalmente denominamos un efecto".

"La idea de separar la respuesta del proceso, introduce nuevamente la concepción figurativa del conocimiento y trae serias consecuencias negativas para la comprensión y por ende para la acción educativa institucionalizada. Dicho en otros términos, la separación entre respuesta y manera como se logró, presupone la aceptación de la concepción del conocimiento figurativo. Pero si el conocimiento figurativo, el conocimiento cosa, es real, entonces seguramente los viejos métodos de heteroestructuración sean oportunos, pues si hay un conocimiento figurativo de lo que se trata es de transmitirlo a los estudiantes; para qué complicarles la vida proponiéndoles caminos constructivos, para qué obligarlos a construir lo que ya otros construyeron y se conserva cosificado, petrificado en los libros, como un tesoro acumulado, como respuestas constituidas, como resultados finales. ¿Porque los sujetos sólo podemos acceder a esos resultados desde nuestra propia construcción? ¿Eso es el constructivismo, una cuestión de método?"

"Siendo más radicales que la propuesta radical de Glasersfeld, creemos tener que coger el problema por la raíz. Esto implica no hacer uso de la concepción de conocimiento en Piaget sólo para efectos de enfatizar en otra forma de acceder a lo mismo, al conocimiento—cosa; sino en reconocer que la concepción de conocimiento como operación revela la inadecuación de la otra. No se trata de reconocer las dos formas de conocimiento para restaurar la tradición. Nos enfrentamos a otra manera radicalmente distinta de ser que presupone la superación de una concepción que oculta los procesos reales de construcción de operaciones mentales, de operaciones humanas que, en últimas, es lo que con Piaget podríamos denominar conocimiento, para mantener un término".

"La epistemología, en tanto proceso operativo que vigila el devenir constructivo del conocimiento, no se ocupa de las formalizaciones, de las detenciones del pensamiento para establecer leyes del proceso, pues"

> *el racionalismo es una filosofía que no tiene comienzo, siempre vuelve a empezar. Cuando lo definimos en una de sus operaciones, hace rato que ha empezado de nuevo. Es la conciencia de una ciencia rectificada, de una ciencia marcada por la acción humana. (Bachelard, 1971:32).*

"Así, la epistemología como acción más bien denuncia las detenciones del pensamiento y se convierte en una autocrítica que produce razones para una nueva dinamización. Esto lo comprendió también Bachelard, quien afirma que"

> *el epistemólogo tendrá, pues, que esforzarse en cap-*
> *tar los conceptos científicos en efectivas síntesis psi-*
> *cológicas; vale decir en síntesis psicológicas pro-*
> *gresivas, estableciendo respecto de cada noción, una*
> *escala de conceptos, mostrando cómo un concepto*
> *produce otro, cómo se vincula con otro. Entonces*
> *tendrá cierta posibilidad de apreciar una eficacia*
> *epistemológica. Y de inmediato el pensamiento se*
> *presentará como una dificultad vencida, como un*
> *obstáculo superado.*[27] *(1986:20)*

"¿Qué es, entonces, la epistemología desde la concepción dinámica del conocimiento? Es un sistema social operativo de autovigilancia intelectual que las comunidades científicas y académicas específicas ejercen sobre sí mismas, sobre su propio trabajo, con el fin de detectar los motivos de detención del desarrollo de su pensamiento. En ningún caso puede ser convertida en una vigilancia sobre el método para garantizar la objetividad en lo que se postula como verdadero."

"¿Qué puede ser la pedagogía desde la concepción dinámica del conocimiento? Una construcción discursiva que funciona como sistema social operativo de autovigilancia intelectual de las comunidades académicas sobre su trabajo educativo e investigativo".

"La relación entre una y otra aparece construida al interior del principio de identidad. En efecto, tanto la epistemología como la pedagogía se nos aparecen ahora como sistemas sociales operativos de autovigilancia intelectual de las comunidades intelectuales sobre sí mismas. Tal identificación inicial no debe sorprendernos si tenemos en cuenta que, cada vez más, los epistemólogos contemporáneos están de acuerdo en que"

---

27   El subrayado es mío.

la epistemología del pensamiento científico se ha ido
convirtiendo paulatinamente en un asunto propio de
los mismos científicos; (y que) de este modo los pro-
blemas de fundamentación se van incorporando al
sistema de cada una de las ciencias consideradas.
(Piaget, 197: 10—11).

"De tal suerte que el problema de los valores y las determinaciones epistemológicas de la pedagogía son un asunto que debe irse incorporando cada vez más a los propios pedagogos".

"Dicho en los términos anteriores, el problema que nos reúne en el seminario parecería resuelto; por lo tanto tendríamos que darlo por terminado. ¿Para qué continuar si ya hemos llegado a saber qué es la epistemología? Sin embargo, lo que está en juego en este seminario no es el aprendizaje de las definiciones, nuestro horizonte no es procurar la detención del pensamiento. Lo que está en juego es la apertura de unos procesos que nos permitan acceder a un nivel de operaciones cada vez más complejas, que nos habiliten, a la vez, para participar en la construcción de una multiplicidad de problemáticas o de pensamientos que parecen específicos, en nuestro momento histórico, a la pedagogía y a la epistemología".

La discusión

En este momento un estudiante preguntó: "¿El pro-
blema se reduce, entonces, no a que no sepamos, sino
a que no operamos mentalmente?".

El tono en el que fue hecha la pregunta permitía intuir un cierto malestar de quien indagaba, razón por la cual el desarrollo que se asumió para la misma fue el siguiente:

"Voy a dejar hablar a mis impresiones, sobre lo que creo haber oído, teniendo como base una sospecha y una esperanza. Sospecha de que comienzan a conjugarse, o por lo menos a dejarse entrever, factores emotivos que podrían estar obstaculizando el proceso que deseamos abrir. La esperanza de que mi intervención les posibilite maneras de organizar elementos dispersos para construir una unidad que permita trascender o neutralizar la supuesta manifestación afectiva, el supuesto obstáculo pedagógico".

"Por aquello de los desequilibrios emocionales y de las resistencias que se generan con ello, en los procesos no directivos, en los procesos que por su naturaleza dinámica, por su naturaleza crítica, devienen cuestionadores de nuestras creencias y de nuestros pensamientos, tratemos de explicitar un posible sentido de la afirmación que se hacía hace un momento por parte de uno de los docentes asistentes al seminario; a saber: ¿Cómo es que se atreven a decirnos que nuestro problema no es que no tengamos bases, que no tengamos la información necesaria para pensar, sino que nuestro problema está en nuestra forma de pensar, en las operaciones de nuestro pensamiento?"

"Ese 'se atreven' es la atribución que le estoy poniendo a la afirmación, basado en el tono en el que ella se presentó. A la vez, el 'se atreven' es lo que reflejaría la manifestación afectiva de reacción contra un argumento que descentra el problema de la relación enseñanza—aprendizaje del paradigma transmisionista, y el problema del conocimiento del paradigma figurativo o representativo".

"La responsabilidad de pensar esos problemas desde otras perspectivas que dejan sin piso lo que sabemos hacer, puede ser rechazada, afectivamente, bloqueando así el argumento que viene a incomodarnos. Decir que el problema de la apropiación de un saber radica en el hecho de que, en términos reales, no hay nada que se llame conocimiento y que sea de una naturaleza tal que podamos apropiárnoslo por un acto transmisionista. Decir que el problema de los conocimientos es de una naturaleza tal que exige del desarrollo de las acciones y las operaciones de los sujetos y de las comunidades para construirse, puede ser asumido como un insulto contra la inteligencia y entonces no se ha comprendido nada; pero nos hemos defendido. Se ha objetivado una resistencia".

"No operar puede ser entendido, entonces, como una agresión contra nuestra inteligencia: no operamos, por lo tanto somos disminuidos mentales. Esta, me parece, es una forma de objetivar nuestras resistencias afectivas frente a planteamientos que pueden herir nuestra visión del mundo. Sin embargo, lo que estamos afirmando sobre las operaciones y sobre la naturaleza operatoria de la inteligencia, no tiene que ver con en el sentido común del término inteligencia: capacidad intelectual. Lo que estamos proponiendo a la discusión es que si nuestra inteligencia es de naturaleza operatoria, entonces ella nos ubica frente a diversas formas de ser y de estar dinámicamente en el mundo. No hay una forma general y universalmente válida".

"Pongamos un ejemplo: el físico, el sujeto del que decimos que es un físico, lo es en tanto se encuentra problematizado por una serie de operaciones específicas que unas comunidades científicas han dado por "reconocer" bajo el nombre genérico de 'pensamiento físico o Física'. Este sistema social de operaciones, con sus campos específicos en donde se entreteje una red de relaciones 'sobre' el mundo, seguramente es distinto al sistema social de operaciones nombrado Química. Esta diferenciación hace que, probablemente, el 'buen' físico no comprenda necesariamente al buen químico, pero no porque le falten elementos, o porque le falten contenidos que hacen las veces de pre—requisitos, sino, fundamentalmente, porque el campo de operaciones seguramente es distinto y, por lo tanto, el buen físico tendría que dar un largo rodeo que lo ejercitara en una forma de pensar distinta para comprender mejor, y viceversa".

"Si aquí hablamos de que lo que nos falta es operar como sujetos epistémicos o como pedagogos—vigilantes, no es porque no operemos en absoluto; de hecho la historia de nuestro desarrollo como sujetos psicológicos[28], es la historia del desarrollo de nuestras acciones y nuestras operaciones, así, como la de la coordinación de las mismas. Pero la comprensión de los diversos discursos como el epistemológico, el pedagógico, entre otros, requiere de una larga preparación de cultura y esta preparación es una acción que ejercita unas operaciones específicas de nuestro pensamiento. Para hacer parte de una problemática específica que se debate en nuestra época, hay que participar de las formas específicas como en esa época se opera mentalmente y no de unos supuestos contenidos. Así, la epistemología y la pedagogía, como acciones culturales, requieren de sujetos que devengan como tales en el proceso de objetivación de formas históricas y específicas de pensar, en este caso, el fenómeno educativo".

Terminada esta disertación sobre el carácter operativo del discurso epistemológico que implica un proceso de la misma naturaleza para acceder a él, pues es acceder a un sistema operativo y no a una información asimilable, un estudiante realizó una pregunta que es muy significativa porque permite entender, en primera instancia, la incomunicación propia de todo discurso que pretenda informar algo, comunicar algo; en segunda instancia, permite mirar la concepción de conocimiento que prima en el sujeto epistémico que interroga, la cual es un obstáculo epistemológico que incomunica.

La pregunta fue:

> *lo anterior remite un poco a cuando se hablaba de que el conocimiento lo tenían era los grandes académicos, que los demás debían escuchar y aceptar lo que se planteaba desde arriba. Ahora la cuestión*

---

28   Faltaría mirar si es la historia del sujeto del inconsciente.

es reconocer que todos poseemos un saber; que desde el salón de clase el mismo estudiante, los profesores —que de pronto desconocen todas estas cuestiones de la epistemología y de la pedagogía, que de pronto no han podido acceder al conocimiento académico— también tienen un saber y que es importante ir a ese saber.

*E*n efecto, como se puede evidenciar la pregunta se hace desde la concepción de conocimiento como información que se posee, por ello la misma introduce la variante: "reconocer que todos poseemos un saber", la cual está lejos del orden del discurso que originó el interrogante.

Frente a esta evidencia se optó por darle un tratamiento a la pregunta descomponiéndola en sus posibles sentidos, ya no como una manera de repetir lo que se había dicho y había quedado incomprendido, sino como un ejercicio de explicitación de posibles sentidos, por lo menos esa fue la intención.

A continuación se presenta entonces el tratamiento mencionado:

"En primera instancia recordemos que Piaget entendía que la inteligencia, por ser operatoria, era la capacidad de resolver problemas a diferentes niveles. Como segunda medida pensemos que el problema de la erudición—al que de alguna manera alude la intervención—, visto desde la actitud dinámica deviene un falso problema, un obstáculo epistemológico".

"Tenemos dos perspectivas posibles para comentar la intervención; en ella parece hacerse una petición, por principio, que consiste en un llamado al reconocimiento de un saber no académico que circula en las academias. Se trataría de reconocer que así como el académico posee un saber, igualmente el no académico, el campesino o el estudiante, también poseen un saber válido. Tanto los académicos como los no académicos saben, con un saber válido,

porque poseen algo, un conocimiento—cosa, una información. Lo
que se pone en juego no es la concepción de conocimiento, sino la
validez de uno y otro".

"La otra manera que tenemos de entender la intervención es que
esos sujetos mencionados (el académico, el alumno y el campesino, entre otros) pueden diferenciarse, no tanto por la cantidad de
información que posean, como sí por los diferentes formas como
operan mentalmente en el mundo, pues son esas operaciones, el
desarrollo de las mismas, lo que nos permite, también, movernos
solventemente en el mundo, interactuar en y con él (cf. Piaget,
1969). Es la inteligencia, la naturaleza operatoria que nos constituye, nuestra capacidad para resolver problemas, la que nos permite interactuar, y no necesariamente la cantidad de información
almacenada y guardada de manera cuidadosa en la mente".

"Estamos entonces frente a dos procesos aparentemente distintos:
uno real y otro de naturaleza imaginaria. Así, los sujetos reales,
para devenir como tales, hemos partido de la coordinación de las
acciones y de la interiorización de las mismas, lo que, como sabemos, constituye la emergencia de las operaciones. La génesis del
sujeto cognoscitivo parece razonable pensarla como un largo proceso de desarrollo de las acciones, de los individuos, hasta devenir
ellas en operaciones (cf. Piaget, 1971). Sin embargo, los docentes
en particular nos relacionamos en forma imaginaria con ese proceso real y lo interpretamos como una infinita acumulación, como
una infinita ganancia de información".

"Lo grave aquí es que este imaginario constituye un obstáculo pedagógico que por su naturaleza frena el desarrollo real de los sujetos al inaugurar formas concretas de inhibición en el salón de clase; por ejemplo, inhabilitando al docente para crear las condiciones necesarias en el desarrollo de las dimensiones posibles de los
educandos".

"No debe, por lo tanto, parecernos paradógico que a pesar de la tradición pedagógica heteroestructurante los sujetos logren constituirse, pues, como se sabe, el proceso educativo no se reduce a los salones de clase, pero fundamentalmente porque dicha relación imaginaria, y sus implicaciones para la praxis, si bien retarda y obstaculiza, no elimina el desarrollo en la medida en que no tiene la fuerza necesaria para desaparecer de la faz de la tierra el movimiento propio que constituye las acciones humanas primigenias, que es a las que fundamentalmente se refiere el proceso en mención. Sin embargo, no deja de ser trascendental denunciar la inhibición, así como trabajar por las condiciones pedagógicas que favorecen el desarrollo por las ventajas que esto podría tener para el proceso de hominización en general".

Después de este tratamiento específico que no pretendió rehacer la lección incomprendida, sino que, por el contrario, buscó explicitar los sentidos posibles que se juegan en la comunicación, un docente realizó una pregunta que puede ser interpretada como un síntoma de que algo en la subjetividad había sido tocado. El sujeto sintió aludido su mundo profesional; algo ya no estaba en orden para quien interroga. La pregunta fue:

> *Entonces, frente a estas dos posiciones y teniendo en cuenta que la función transmisionista se ha revelado como un obstáculo pedagógico, ¿qué nos queda por hacer a los maestros?*

Dicho en otros términos, si la función del maestro en un alto porcentaje consiste en transmitir la cultura: el conocimiento científico o seudocientífico, las opiniones respecto a diversidad de temas, los valores, y si todo esto, conocimiento, cultura, valores, se aparecen como formas concretas de operar de las comunidades y no como contenidos depositables, entonces ¿qué le queda por hacer al maestro? La preocupación es legítima; sin embargo el tratamiento se hizo teniendo en cuenta otros aspectos que se mueven como resistencias necesarias de un sujeto que corre el riesgo de ser descentrado.

Para el desarrollo se tuvieron en cuenta dos posibilidades, así:

"Tenemos una pregunta que puede ser asumida, como toda pregunta, desde diversas perspectivas. Nos interesa desarrollarla, en este caso, desde dos posibilidades: En primer lugar, la pregunta puede ser una manifestación emotiva como reacción frente a un sistema de operaciones, frente a un sistema argumentativo y/o demostrativo que pone a temblar nuestros supuestos".

"En efecto, preguntar, a otro, lo que queda por hacer después de evidenciar los supuestos peligrosos que entretejen la acción cotidiana en los salones de clase —sobre todo si la pregunta va cargada de un cierto escepticismo e ironía—, permite neutralizar la argumentación desequilibradora en función de mantener un orden que no se ve fundamentado en ella. Al no verse reflejado el sentido de la acción en las formas argumentativas emergentes, al ver cómo peligra el sentido que tenemos de nuestra acción, la respuesta emotiva puede ser descalificar la argumentación oponiéndole la evidencia de lo real".

"Si lo que hago como profesor es dictar clase, consecuente con unos supuestos positivistas sobre el conocimiento, el aprendizaje y la enseñanza, y estos principios se presentan como fundamentos de una relación imaginaria con los procesos reales de constitución de los sujetos, entonces se abren dos posibilidades: niego la argumentación que denuncia mi impostura, o asumo la tarea de transformar algo en mi manera de ser y de pensar"[29].

---

29 "El verdadero problema de la investigación es el de que para acceder a pensar un objeto, como los niños, que nos afecta directamente, tenemos que remover los obstáculos que nos impiden pensarlo y no adquirir sim-

"En segundo lugar, podemos pensar la pregunta retomándola como la preocupación legítima de un sujeto que se encuentra tocado por algo que cuestiona una parte de su mundo, en este caso de su mundo profesional. Si es así, entonces lo que queda es una posibilidad de investigación auténtica".

En este momento intervino un colega de la universidad, quien enfatizó en el carácter especial de la pregunta diciendo: "La pregunta ¿entonces qué hago? me parece sincera; pertenece a la segunda tendencia aquí mencionada. Me parecería un pecado responderla, como si ya supiéramos la respuesta —siguiendo esa tradición dogmática en la cual creemos tener respuesta para todo—, pues la identificación de un problema de investigación está relacionada con esa pregunta. Sin embargo, no es esa la pregunta de la investigación. Para la persona que se hace la pregunta: ¿bueno y entonces todo lo que yo hago qué...?, ha perdido sentido lo que hace. A partir de ese posicionamiento en la sospecha, en el problema, en la pregunta abierta, a partir de esa herida abierta en las convicciones más profundas de cada uno es que cobra sentido la investigación y por ende todo lo que se realice en la maestría. Por eso es que es un pecado 'responder' la pregunta".

"Ahora, no es una posición estratégica no responder la pregunta, como si en realidad yo supiera la respuesta y me la callara para que la persona siga buscando. No es una estrategia pedagógica, es

---

plemente un conjunto de conocimientos de que carecemos. Es natural que en nuestra sociedad la imagen del conocimiento está copiada de la compra porque es una sociedad en la cual todo se vende y se compra; pero entonces el conocimiento se convierte en cosas, es decir, en informes: "carezco de determinado número de informes que voy a adquirir". Esa es la imagen de conocimiento que reina en nuestra sociedad, y no esta otra, por ejemplo: *es necesario que transforme algo en mi manera de sentir y de pensar para acceder a conocer esto.* (Zuleta, 1986:7).

una posición epistemológica desde la cual se entiende que toda respuesta debe ser construida. La pregunta no tiene una respuesta. Hay que aproximarse a la construcción de los múltiples sentidos que se comprometen en su desarrollo. Ese desarrollo es el que garantiza que el sujeto problematizado reorganice una cierta unidad de sentido, trascendente en relación con el estado inicial, perdida después de que la pregunta apareciera como un problema real que viniera a desestabilizarlo".

Terminada esta intervención la discusión continuó con una afirmación de un docente, la cual puede interpretarse como un síntoma inconsciente de resistencia frente al orden del discurso que se estaba desarrollando, sobre todo por el momento en el que ella aparece. Es un llamado al orden, a la cordura, al respeto de lo establecido. Que la afirmación aparezca exactamente después de que algo comienza a desestructurarse, es precisamente algo que no puede dejarse pasar por desapercibido.

La afirmación fue la siguiente:

> *Yo creo que esa pregunta sí tiene respuesta, todas las preguntas tienen una respuesta; lo que tenemos que hacer es encontrarla. Lo que falta es que cada maestro debe construir la forma de entregar la respuesta a los diferentes problemas que se le presenten. Es un irrespeto que yo no conteste porque en este mundo estamos para plantear respuestas no para plantear más problemas, porque problemas tenemos muchos.*

Al igual que en los casos anteriores, el tratamiento fue explicitar los posibles sentidos de la intervención: "Es importante tratar de develar o, más exactamente, explicitar los posibles sentidos que se entretejen en el planteamiento inmediatamente anterior".

"En primer lugar, parece dejarse oír una cierta tradición epistemológica que concibe el conocimiento como un acto de aprehensión de un objeto. En segundo lugar, parece, igualmente, dejarse oír una cierta tradición pedagógica que concibe la enseñanza y el aprendizaje como un acto que se reduce a las estrategias adecuadas que el docente posee o construye para transmitir algo, en este caso respuestas verdaderas o, por lo menos, tranquilizantes. En consecuencia, y en tercer lugar, parece oírse el eco de la tradición dogmática que plantea el conocimiento como un hecho garantizado en forma de contenidos empíricos y/o ideales que el sujeto debe saber encontrar, desarrollando para ello un método adecuado, como lo propone Descartes, por ejemplo (1984:16—17)".

"Por último, nos parece ver un intento de validación o justificación desde el exterior al planteamiento mismo, que consiste en una condena moral a otras alternativas. Proponer que existe una respuesta dada, elaborada, para toda pregunta posible, es de alguna manera reconocer que se está inscrito dentro de una tradición en relación con una concepción específica de conocimiento: creer en las respuestas dadas es como afirmar que las respuestas anteceden a las preguntas, lo cual inhabilita la pregunta misma. Ahora, si la respuesta es un conocimiento, como de hecho tendría que serlo, y si la respuesta antecede a la pregunta —porque ella existe prefigurada en alguna parte— entonces es del conocimiento de quien se está predicando que es un *a priori*. El conocimiento humano está garantizado por la existencia *a priori* del conocimiento".

"De hecho, en nuestra cultura existe la tendencia compulsiva y dogmática de dar respuestas a todo, incluso a aquello por lo que no nos hemos interrogado. Precisamente no nos interrogamos porque creemos saber. Estanislao Zuleta denunció esta "tendencia arcaica", terminología del autor, diciendo que estamos invadidos de respuestas y que lo que hace falta es fortalecer otra tendencia dinámica que nos lleve a cuestionar permanentemente nuestras condiciones de saber. Una actitud de sospecha que inaugure la necesidad de preguntar, porque lo que queda reprimido con la actitud contestataria es la posibilidad de cuestionarnos y, sin embargo, la epistemología del pensamiento científico, que ha permitido dar cuenta de la naturaleza discontinua del desarrollo de los conocimientos científicos, permite observar que las rupturas epistemológicas están marcadas por el cuestionamiento de los viejos problemas y la consecuente construcción de nuevos problemas que develan el error histórico en la concepción de los primeros. No es la respuesta nueva a los viejos planteamientos lo que constituye, por lo tanto, una revolución científica, un progreso del saber. Menos lo será la falsa concepción de una milenaria respuesta, ya constituida y guardada celosamente en alguna parte".

"Hay un riesgo en la actitud dogmática y es que esconde una función política que pretende perpetuar la cultura del desconocimiento, o lo que es lo mismo, la cultura de la información regulada por fines productivos. Mantener como maestros, por ejemplo, una actitud acrítica frente al dogma es contribuir a los sistemas de inhibición y represión de nuestra naturaleza operatoria. Posicionarnos, imaginariamente, en el discurso de la verdad pretendiendo satisfacer la curiosidad auténtica de los alumnos, es una forma de cumplir con tal función. Tal impostura, oculta, además, los procesos reales de comunicación interestructurante en los que el conocimiento, como proceso constructivo, emerge constituyendo, a la vez, sujetos cognoscentes".

"Si la pregunta tuviera respuesta, el pecado sería no dársela a quien la requiere; sería tanto como negarle un vaso de agua al sediento cuando tenemos ese vaso de agua disponible. Aquí lo que se plantea es una cuestión distinta: si cada maestro tiene una respuesta quiere decir que no hay una respuesta".

"El problema es el de los caminos que desde cada sujeto van configurando una pregunta que en su relación con los estudiantes, con los compañeros, va configurando respuestas. Esa configuración tan particular de la pregunta y de la respuesta, significa que no tenemos respuestas dadas. Frente a la respuesta que A ofrece, ¿cómo determinar la validez de las respuestas de X, Y y Z? ¿No tendríamos que pasar, necesariamente, por un proceso de construcción de la respuesta?"

"Es importante hacer énfasis en el hecho de que la investigación no es la delimitación clara de un problema; la investigación no parte de eso. Una investigación arranca de una pregunta sincera que toca al sujeto. Por eso la pregunta que se ha hecho es importante, porque está hecha desde el sujeto. Decir: ¿entonces qué hago yo?, no es el problema de saber cómo aplico un conocimiento elaborado a un contexto específico. ¡No!. Decir, ¿qué pasa conmigo? es iniciar una investigación".

Sin embargo, y a pesar del discurso desestabilizador que pretendía reforzar la idea de descentramiento, como condición para el acceso a otro paradigma, el estudiante siguió insistiendo:

> *Las respuestas están, lo que pasa es que la operación mental de uno no alcanza para llegar a ellas. El hombre vive de momentos, en el momento en que una respuesta te satisfaga ahí llegaste a tu punto. El hombre vive del momento, incluso la vida no es continua, uno piensa que vive continuamente pero uno vive por intervalos, uno vive etapas discontinuas. El conocimiento está ahí lo que pasa es que no lo vemos: muchas manzanas se cayeron, por ejemplo, hasta que Newton observó y encontró la ley de la gravedad, pero esa ley estaba ahí.*

Es necesario insistir en la categoría de obstáculo, de resistencia que se otorga en este trabajo a esa reiteración que no busca comprender el discurso del otro, sino que se opone al mismo. Oposición que siendo afectiva se presenta como si fuese académica, por eso la introducción de un argumento escolar, de un argumento de los primeros años escolares, que a pesar de ser un evidente reduccionismo se arguye como prueba definitiva. No debe asombrar que un docente universitario que está desarrollando una maestría utilice esta argumentación. Pero tampoco se la debe considerar como una muestra de desinformación o como prueba de un bajo nivel de conocimientos por parte de quien la emplea, ese camino no lleva a ninguna parte. La argumentación aparece en el instante preciso en el cual algo comienza a desestructurarse, porque es lo más familiar, lo más íntimo, que se eleva para regresar las cosas a su orden habitual. Son las primeras "enseñanzas" escolares, con las cuales se guarda una relación afectiva de carácter constitutivo, las que aparecen como obstáculos epistemológicos, y en el caso específico de la docencia como obstáculo pedagógico. Ellas aparecen siempre en el proceso interactivo, como poderes que se resisten a lo nuevo, a lo desconocido; por esta razón, más que desarrollar una lección centrada en el contenido mismo, la tarea del docente investigador consiste en transformarse en un freno contra las convicciones rápidas, debe volver mediato lo que la fuerza de la costumbre hace aparecer como evidente, como inmediato. Así, el tratamiento a esa resistencia que aparece como una afirmación muy segura de sí misma fue el siguiente:

"En las dos intervenciones anteriores aparecen dibujadas sendas concepciones sobre el conocimiento. Vamos a referirnos a ellas. Iniciaremos haciendo referencia a la primera aprovechándonos de una cierta debilidad que presenta la argumentación que se refirió al hallazgo de la ley de la gravedad".

"Realmente no creo que exista un estudio serio que valide la idea simple de que Newton se sentó bajo un manzano, se cayó uno de los frutos sobre su cabeza y ¡Eureka!, encontró la tantos años perdida, o por lo menos desapercibida, 'ley' de la gravedad. Que la diferencia entre Newton y un transeúnte desprevenido sea que el primero fue capaz de ver caer las manzanas; que fue capaz de ver, o lo que sería lo mismo, reflejar en su mente de vidrio una ley oculta en la naturaleza. Parece más creíble pensar que si Newton llegó a construir unas relaciones matemáticas que reorganizaron un campo de la experiencia y la teoría física, relaciones atribuibles a un espacio de la naturaleza, ello se debió a su larga preparación de cultura, es decir, a un largo rodeo por el pensamiento y la experiencia realizada en el laboratorio que su época le permitió. En tal sentido, la así llamada ley de la gravedad es un producto histórico, una síntesis histórica, y reducir esa construcción a un hallazgo espontáneo es un prejuicio escolar que conservamos los docentes formados en el realismo ingenuo (cf. Bachelard, 1978)".

"Tal aproximación reduccionista del proceso constructivo que es el conocimiento, es posible al interior de una concepción dogmática: la idea de que aquel es la representación, la imagen pictórica de la cosa en la mente del sujeto, del cual se dice que conoce cuando su imagen se adecúa a la cosa (Ferrater, 1978: 78)".

"Una vez más hemos puesto en evidencia que lo que está en juego, en última instancia, en lo que venimos planteando, son las concepciones de conocimiento que tenemos y que son apostillas de las concepciones históricas sobre el mismo. Tradicionalmente el conocimiento ha sido entendido como una sustancialización de algo. La idea, la representación, está cargada de un alto contenido empírico: es la cosa... representada. Con tal obsesión por el objeto, por la cosa en sí, se nos dificulta volver a pensar lo que sea el conocimiento como operación, es decir, como acciones interiorizadas, como interacciones intelectuales que no pueden ser reducidas a cosas".

"Tanto en la explicación del desarrollo de los sujetos concretos como en el desarrollo de los sujetos históricos, nosotros podemos evidenciar las dos concepciones de conocimiento a las que venimos haciendo mención: el conocimiento como representación y el conocimiento como operación. Las concepciones positivista y constructivista han generado sendas formas de comprensión del desarrollo de las ciencias en general y de los sujetos empíricos en particular".

"Desde las concepciones positivistas se parte del reconocimiento de un sujeto empírico dado, que debe informarse del mundo, para lo cual posee unas condiciones *a priori* de la sensibilidad, o unas ideas innatas o unos sentidos adaptados para percibir el mundo tal y como es. Así mismo, a nivel del desarrollo de las ciencias se postula un sujeto trascendental, *a priori*, que sólo requiere de un método o de un desenvolvimiento garantizado por su propio desarrollo histórico, ya que sus condiciones, como sujeto cognitivo, están dadas".

"Por el contrario, desde las concepciones constructivistas, se parte del reconocimiento implícito de que tanto la noción de sujeto empírico como la de sujeto trascendental se le atribuyen a un proceso constructivo real que por su naturaleza descansa sobre sus propias operaciones, pues,

> *en el terreno del conocimiento parece evidente que las operaciones individuales de la inteligencia y las operaciones que aseguran el intercambio en la co-operación cognoscitiva son una y la misma cosa, siendo la coordinación general de las acciones, que hemos invocado sin cesar, una coordinación interin-dividual, porque estas acciones son tanto colectivas como ejecutadas por individuos [....] interacciones intelectuales o coordinaciones generales que cons-tituyen el conocimiento. (Piaget, 1969: 330).*

En el anterior desarrollo puede entonces observarse cómo, paso a paso, se van manifestando en el proceso una serie de obstáculos que obligan a reorganizaciones y largos rodeos, los cuales, en la docencia o en los cursos tradicionales de capacitación, tal vez, o no son percibidos, o no son asumidos como condición misma del desarrollo. Y sin embargo, a pesar de los límites que impone esa docencia entendida como tradicional, a pesar de su desconocimiento, ciertas nociones con las cuales se opera en el salón de clase se presentan como verdaderos obstáculos pedagógicos y, si no se opera un proceso dinamizador sobre ellas dificultan la realización de las buenas intenciones de innovación pedagógica, quedándose toda propuesta simplemente en el manejo formal de una serie de términos que constituyen el discurso de moda.

En efecto, una noción—obstáculo no es sólo una idea mal adquirida que bastaría con ser reemplazada por otra para ser superada. Una noción—obstáculo en pedagogía es un contra—pensamiento. Una función que requiere ser reorganizada racionalmente hacia la construcción de funciones cada vez más ricas en determinaciones o síntesis cada vez más determinantes. La síntesis es una operación, una construcción social de relaciones.

Pero no hay que creer que el proceso que aquí se ilustra y que compromete unos tratamientos específicos de las manifestaciones de los docentes, por parte investigador, pueda constituirse en una metodología ni mucho menos. Cada espacio de discusión, cada encuentro con los estudiantes, con los docentes, es un escenario específico en el que se ponen en juego resistencias diversas que tal vez no sean predecibles ni controlables. Sólo pueden ser asumidas, comprendidas e interpretadas en y desde el contexto emotivo, afectivo e intelectual en el que se producen. Pero puede verse desarrollada esta idea en las conclusiones. Sin embargo, antes de pasar a ellas es pertinente concluir este desarrollo con la transcripción y el comentario de algunos de los escritos que como evaluación del proceso han realizado los docentes y que permite enfatizar en la reorganización de la cual se ha hablado, como rectificación de la subjetividad en busca de mayor riqueza espiritual, es decir, de mayor dinámica.

Los textos que aquí se transcriben permiten pensar en una tendencia que se viene desarrollando en los colectivos de maestros, con grados diversos de intensidad:

— Los procesos de reflexión y superación comprometida a los que he ido llegando a través de las jornadas pedagógicas (encuentros) y las lecturas de textos de epistemología han tocado no sólo mi posición frente a la educación, sino que definitivamente me han llevado al cuestionamiento de lo que ha sido mi práctica y a buscar no sólo propuestas nuevas de metodología de aprendizaje sino de evaluación también. También me ha llevado a observar con detenimiento la práctica y el discurso de mis compañeros de trabajo. El seminario de epistemología ha sentado las bases para esto.

— Escucho con más atención a mis compañeros y hago toma de distancia con respecto a lo que se comenta a la luz de estos conocimientos. Esto me lleva a una mejor comprensión de los hechos al interior colegio donde trabajo y aunque soy mas crítica, evado la confrontación pues siento que al moverme hacia paradigmas diferentes, me voy quedando sin interlocutores.

— Siento que son justo estas pautas, las que nos ubican como buenos facilitadores del proceso de aprendizaje de nuestros estudiantes al posibilitarles las condiciones de construcción del saber y "saber" qué fenómenos se están operando en su interior.

¿Cómo no ver en estas expresiones un descentramiento del sujeto que se preocupaba casi exclusivamente por el problema de la transmisión, hacia un paradigma distinto? Son otras las preocupaciones, más auténticas, más comprometidas, como dicen los mismos docentes.

— He avanzado a lo largo del semestre de tal manera que ya logro diferenciar los discursos de los compañeros profesores del colegio en donde trabajo, ubicándolos de inmediato en la línea epistémica en que se desarrolla el discurso".

— Considero que he avanzado en la función de un claro perfil epistemológico con relación del conocimiento con la pedagogía. Destaco en este orden la claridad de Andrés que me ha permitido abordar con más elementos teóricos el problema del conocimiento.

— Este proyecto investigativo me pareció estimulante porque demuestra que sí podemos aprovechar las experiencias aunque sea a nivel de creencias para generar conocimiento científico y sobre todo porque los avances informativos socializados nos comprometen a mejorar porque somos nosotros los actores.

— Esta estrategia investigativa de carácter participativa, no sólo es fructífera para el maestro tutor que permite avanzar en su comunidad académica, sino que proporciona elementos pedagógicos renovadores.

A MANERA DE POSIBLES CONCLUSIONES

La investigación sobre pensamiento práctico de docentes aparece en la época contemporánea como una alternativa importante para propiciar procesos de innovación en la educación. La escuela y específicamente el aula, constituyen ámbitos históricos en los cuales se han promovido y se promueven a la existencia sujetos concretos. La interacción es el eje articulador desde el que se producen esas subjetividades, en la medida en que entran en juego las distintas acciones constitutivas de lo humano. Esa interacción, por lo tanto, es la manera concreta como podemos mombrar las relaciones que edifican y constituyen lo humano. Sin embargo, las interacciones también se refieren a las relaciones imaginarias que constituyen el sentido desde donde los sujetos, siempre en tensión edificante, se comprenden a sí mismos. Así las cosas, el aula y la escuela, son también lugares en los cuales se promueven a la existencia relaciones imaginarias que constituyen a los sujetos. Esas relaciones desde el punto de vista de la promoción del sujeto se convierten en verdaderos frenos que obstaculizan su desarrollo.

La investigación sobre pensamiento práctico de docentes permite explicitar las relaciones constitutivas de los sujetos, las cuales aparecen como concepciones, y que desde la epistemología positivista han sido pensadas como representaciones. El pensamiento práctico de los docentes no es una sumatoria de ideas, creencias, constructos; por el contrario, como afirma Bachelard, el pensamiento es una fuerza, un poder; a mayor fuerza, mayor la promoción del ser. Explicitar esas concepciones, por lo tanto, significa reconocer colectivamente ese poder en su tensión connatural entre las fuerzas de conservación y las de transformación. El contraponer o contrapensamiento al que he hecho mención en este trabajo, llamándolo obstáculo pedagógico y/o epistemológico, es, por lo tanto, constitutivo del pensamiento mismo.

Ahora bien, es importante reconocer que en la explicitación a la que se refiere la investigación del pensamiento práctico de los docentes, los obstáculos pedagógicos y la manera de presentarse no son susceptibles de ser formalizados para ser luego entendidos como patrones de conducta que necesariamente deban presentarse en un orden específico en un salón de clase. ¡No!, a lo sumo puede compartirse —desde la escritura— la experiencia, de marcado sesgo psicoanalítico, a fin de que otros se miren en ella y pedir el servicio recíproco. El proceso de explicitación y creación de condiciones para superarlos, sin embargo, es fundamental si se reconoce que es necesario un psicoanálisis colectivo de las resistencias constituidas históricamente las cuales detienen el desarrollo del pensamiento. Si se toma posición por lo dinámico en la constitución del conocimiento, y por lo tanto en la constitución del sujeto, entonces este psicoanálisis del que tanto habló Bachelard es imprescindible, pues la resistencias, los obstáculos, son ineludibles. Identificar las resistencias, los obstáculos, es condición *sine qua non* de la producción de conocimiento; es decir, de la producción de formas cada vez más complejas de interacción entre los sujetos.

En el caso específico de esta investigación, las distintas discusiones han permitido poner en evidencia que las resistencias para comprender el planteamiento sobre la naturaleza operativa del conocimiento están en relación con una concepción que ha sido privilegiada históricamente y que se presenta como constitutiva e instituyente de los sujetos, en la que dicho conocimiento es comprendido como cosa independiente o independizable de los sujetos concretos, como mercancía susceptible de ser acumulada y transmitida y, por lo tanto, como algo que puede tener realidad óntica independiente del sujeto.

El nivel de trascendentalidad que en la concepción dominante se otorga al conocimiento divide al sujeto cognitivo, y lo da por constituido antes de un proceso que explique su emergencia, lo que se constituye en un freno contra la promoción del sujeto mismo: si el sujeto ya está constituido y el conocimiento también, entonces no hay necesidad de plantearse el problema de las condiciones para la producción de la subjetividad y del conocimiento; ahora, si el problema es planteado será siempre con propósitos distintos al de crear condiciones para la reorganización del sujeto, que es la producción de conocimiento.

Esta última afirmación se opone a la visión tradicional que niega la subjetividad como condición y parte de la producción de conocimiento y que, por el contrario, sobrepone esta visión tradicional, la condición metodológica, como estrategia para hacer posible la objetividad, desconociéndose así que una rectificación del método debe ser igualmente una rectificación del sujeto. No hay, en el sentido estricto del término, métodos independientes de los sujetos que puedan ser aplicados a una "realidad" para ser conocida objetivamente. La objetividad, si acaso, aun en las llamadas ciencias duras, es un resultado de la transformación, de la reorganización de la subjetividad. Es por esta razón que Bachelard propone un psicoanálisis del espíritu científico. Porque dicho espíritu es una conquista histórica que lejos de poner entre paréntesis las condiciones de la subjetividad la reconoce como condición funcional de su propia emergencia.

Por otra parte, es importante concluir que cuando se crean condiciones para explicitar las concepciones de conocimiento constitutivas de los maestros, las resistencias afectivo—cognitivas, no se dejan esperar, sobre todo si se trata de denunciar cómo dichas concepciones están en relación directa con lo que hacemos o dejamos de hacer en el salón de clase. Y, más aún, cuando se reconoce que cierta concepción dominante se presenta como un obstáculo epistemológico y pedagógico que debe ser superado comprometiéndose así una transformación o reorganización del sujeto. Es ahí cuando verdaderamente se presentan las resistencias.

En efecto, la investigación sobre las concepciones de conocimiento que constituyen a los maestros, ha permitido reconocer la intervención de una subjetividad epistémica constituida históricamente en función de legitimar las concepciones y las prácticas dominantes en la escuela, la cual es igualmente legitimada por estas prácticas y concepciones, constituyéndose así un círculo vicioso. Explicitar esas concepciones genera una serie de resistencias de las cuales algunas han sido presentadas en el tercer capítulo.

Dicha subjetividad epistémica aparece constituida básicamente en el seno de una tensión entre dos fuerzas.

Por una parte, un marcado predominio de la instancia conservadora que legitima el conocimiento como resultado, como copia, como imagen. La idea de que el conocimiento es una acumulación de representaciones que el hombre ha logrado a través del tiempo lineal determina la manera de asumir y de mirar el mundo, y específicamente el mundo educativo. Con tal concepción constituyendo nuestra mente no podemos más que esperar la acción de un sujeto transmisor que nos ponga en contacto, de la manera más amena posible, con tal cantidad de información. La actitud del que estudia será, por lo tanto, esperar las respuestas que ya están elaboradas y, por su parte, la del que enseña poner en contacto con tal respuesta. Con tales actitudes, el tiempo propio para la construcción del conocimiento y, por lo tanto, para la edificación del sujeto cognoscente no puede percibirse. Por el contrario, aparecen, en el salón de clase, las manifestaciones de angustia propias de una demanda no satisfecha que pide ser superada a partir de una oferta satisfactoria de información asimilable.

Por otra parte, la otra fuerza, oculta, "reprimida", pero por lo mismo actuante en la realidad del individuo, que se resiste a todo intento de sustantivizar el proceso del conocimiento, de cosificar la subjetividad en "el sujeto". De tal forma que es conveniente proponer que de aquí en adelante se hable, en posteriores trabajos, de la *subjetividad epistémica constitutiva del individuo,* como una manera de escapar al carácter ontológico al que la categoría *sujeto epistémico* condena. Escapar a esa reducción óntica de lo subjetivo, reducción en última instancia de las funciones y operaciones cognitivas del individuo a una entidad independiente, a un alma, desde la noción misma de sujeto —en tanto que la palabra sujeto es un sustantivo y debe nombrar, según la tradición, una persona, un animal o una cosa y no a la acción— es complejo, por no decir complicado. Por ello decía Nietszche que no escapará el hombre a Dios hasta que no supere el lenguaje en el que ha sido pensado.

En el presente informe se ha mantenido el término "sujeto epistémico" por dos razones: primero porque es sólo hacia el final del mismo cuando aparece la claridad en el investigador respecto al peligro que connota para la comprensión la carga ideológica dominante del término; cosa que no hubiera imposibilitado regresar al escrito y en una de sus múltiples correcciones introducir la expresión subjetividad en lugar de sujeto. Pero la segunda razón, de mayor peso, es que de todas maneras siempre que se habla de sujeto en este trabajo se alude a un proceso, a un devenir subjetivo y no a una cosa constituida. Es en tal sentido que las concepciones de conocimiento aparecen presentadas como constitutivas e instituyentes de la subjetividad; si estas concepciones son maneras concretas de operar de los individuos, de interactuar, entonces no cabe la menor duda de que hay que reconocer a "ese sujeto" como síntesis de operaciones e interacciones concretas. La muerte es el cesamiento de las acciones e interacciones que se producen en el individuo; acciones e interacciones que sólo son posibles como procesos sociales, es decir, en el espacio de la colectividad humana.

Pretendo concluir, de otro lado, que las resistencias identificadas como constitutivas de todo proceso formativo de la subjetividad son susceptibles de ser abordadas y de ser debilitadas a través de un trabajo paciente que, lejos de informar al individuo sobre sus

134

debilidades y fortalezas, lo confronte consigo mismo en mediación con la crítica colectiva. Debilitadas, superadas, pero no desconocidas. Ese trabajo, evidentemente, reemplaza la función tradicional del docente que, como varios autores lo han denunciado, se ha ejercido como agente inhibidor del desarrollo; pero igualmente transforma la función de la escuela.

En otro orden de ideas, es conveniente reconocer que el proceso de investigación cualitativo tal y como aquí se presenta puede ser entendido como una oportunidad para transformar la docencia y la extensión. En lugar de largos cursos de información sobre los principios básicos alrededor de cualquier disciplina, es conveniente abrir espacios en los que se ponga en juego, conscientemente y con fines pedagógicos, la subjetividad constituida históricamente e instituyente de las subjetividades particulares, desde la confrontación de los individuos con sus propias concepciones. Esta es una vía adecuada para lograr la formación de futuros investigadores por cuanto compromete la construcción y/o edificación de la subjetividad misma, sin dar nada por sentado.

Para tal fin sería necesario, reconocer que las condiciones culturales constituyen "una" subjetividad que en los individuos se presenta diversa, policognitiva, la cual debe ser reconocida en la experiencia educativa escolarizada. Es decir, que una pedagogía dinámica debe incorporar en sus análisis y en su proceso de constitución una reflexión sobre las condiciones de emergencia de la subjetividad, así como un ámbito para un psicoanálisis de las resistencias específicas que tal subjetividad presenta para su propio desarrollo. Resistencias que siendo afectivo—cognitivas deben ser entendidas como constituidas a través de la historia "individual" del sujeto; historia que se desarrolla en un permanente proceso de interacciones; historia que es culturalmente comprensible.

Bibliografía

BACHELARD, Gaston. *Epistemología*. París: Anagrama, 1971.

_____________. *El Racionalismo Aplicado*. Buenos Aires: Paidós, 1978.

_____________. *El Materialismo Racional*. Buenos Aires: Paidós, 1979.

_____________. *La Filosofía de No*. Buenos Aires: Amorrortu, 1984.

_____________. *La Formación de Espíritu Científico*. México: Siglo XXI, 1985.

_____________. *El Compromiso Racionalista*. México: Siglo XXI, 1988.

BARTHES, R. *El placer del texto y Lección inaugural*. México: Siglo XXI, 1974.

BEDOYA, Iván y otros. *Epistemología y pedagogía*. Santafé de Bogotá: ECOE, 1989.

BENJAMÍN, Walter. *Discursos interrumpidos*. Madrid: Taurus, 1982.

BOURDIEU, Pierre y otros. *El oficio del sociólogo*. México: Siglo XXI, 1987.

BUSTAMANTE, Guillermo. ¨Maestro/alumno: una relación patológica". En: *Educación y ciencia*. Nº. 4. Tunja, 1991.

BRUNER, Jerome. *La importancia de la educación*. Barcelona: Paidós, 1987.

CARR,W. y KEMMIS S. *Teoría crítica de la enseñanza— La investigación acción en la formación del profesorado*. Barcelona: Martínez Roca, 1988.

CARR, Wilfred. *Calidad de la enseñanza e investigación—acción*. Sevilla, Diada Editora, S.A., 1993.

COLL S, César. *Aprendizaje escolar y construcción del conocimiento*. Barcelona: Paidós, 1991.

DE ALBA, Alicia. "Evaluación: análisis de una noción". En: *Revista mejicana de sociología*. Año XLVI, Vol, XLVI, Nro. 1. México: UNAM, 1984.

DERRIDA, Jacques. *De la gramatología*. México: Siglo XXI, 1984.

DESCARTES, R. *Discurso del método + Meditaciones metafísicas + Reglas para la dirección del espíritu + Principios de filosofía*. México: Porrúa, 1984.

DE TEZANOS, Araceli. *Maestros artesanos intelectuales— Estudio crítico sobre su formación*. Bogotá: Universidad Pedagógica - CIID, 1985.

FERRATER, M. José. *Diccionario de filosofía abreviado*. Buenos Aires: Suramericana, 1978.

GALLEGO, María J. "Investigación sobre el pensamiento del profesor: aproximaciones al estudio de las teorías y creencias de los profesores". En: *Revista española de pedagogía*. Año XLIX. Nº. 189, mayo—agosto de 1991.

GLASERSFELD, Ernest Von. *El aprendizaje desde el constructivismo*. Santiago de Cali: Universidad Santiago de Cali, 1994.

GÓMEZ, E. Jairo. "El papel de la representación en la enseñanza de las ciencias sociales". En: revista *Pedagogía y saberes*. No. 5. Bogotá: UPN, 1994.

HOYOS M, Carlos Angel y otros. *Epistemología y objeto pedagógico*. México: Universidad Nacional Autónoma de México, 1992.

GOETZ, J. P. y Le COMPTE, M. D. *La etnografía y diseño cualitativo en investigación educativa*. Madrid: Ediciones Morata, 1988.

JEAN, Georges. *Bachelard la infancia y la pedagogía*. México: F. C. E., 1989.

KANT, Manuel. *Crítica de la razón pura*. Tomos I y II. Bogotá: Ediciones Universales, 1984.

LYOTARD, Jean Francois. *La condición postmoderna*. Madrid: Cátedra, 1989.

MARTINEZ, Miguel. *La investigación cualitativa etnográfica en educación*. Caracas: Ediciones Texto, 1991.

NOT, Louis. *La enseñanza dialogante*. Barcelona: Herder, 1992.

PERAFAN, Andrés. "Criterios para una evaluación epistemológica de la pedagogía". En: *Procesos evaluativos y cultura escolar*. Santafé de Bogotá: Universidad Pedagógica Nacional, 1994a.

______________. "Pedagogía en acción de cultura". En: *Revista educación y ciencia*. Quinta época — Año III — Nº. 4, Marzo de 1994, U.P.T.T, 1994b.

______________. "Fundamentos epistemológicos de la pedagogía en el marco de la polémica constructivista de Piaget e histórica de Bachelard". En: Revista *pedagogía y saberes*. Nº. 5. Bogotá: Universidad pedagógica Nacional, 1994c.

______________. *Materiales de trabajo*. Inéditos. UPN. 1995.

PIAGET, Jean. *Biología y conocimiento*. México: Siglo XXI, 1969.

______________. *Psicología y pedagogía*. 7a. ed. Barcelona: Ariel, 1970a.

______________. *Epistemología genética*. Barcelona: Ariel, 1970b.

______________. *Psicología y epistemología*. Barcelona: Ariel, 1971.

______________. *Sabiduría e ilusiones de la Filosofía*. Barcelona: Ediciones Península, 1973.

______________. *Introducción a la epistemología genética*. Buenos Aires: Paidós, 1979.

______________. *Epistemología genética y equilibración*. Madrid: Fundamentos, 1981.

__________. *Estudios sobre lógica y psicología*. Madrid: Alianza Editorial, 1982a.

__________. *Psicogénesis e historia de la ciencia*. México: Siglo XXI, 1982b.

__________. *La epistemología*. Madrid: Debate, 1986.

PORLÁN, R. *Teoría del conocimiento, teoría de la enseñanza y desarrollo profesional. Las concepciones epistemológicas de los profesores*. Tesis de Doctorado. Universidad de Sevilla, 1989.

POZO, J. I., SANZ, A., LIMÓN, M. Y GOMEZ CRESPO, M. A.. "Las ideas previas de los alumnos sobre la ciencia: una interpretación desde la psicología cognitiva". En: revista *Enseñanza de las ciencias*, 9(1). 1991. pp 83—94.

SÁNCHEZ, Azucena. *El Maestro Ideal a partir de las narraciones de los estudiantes*. Proyecto de tesis para optar al título de "Magister en Educación con énfasis en Docencia Universitaria".1995. Inédita.

VUYK, Rita. *Panorámica y crítica de la epistemología genética de Piaget*, 1965—1980, I. Madrid: Alianza Editorial, 1984.

__________. *Panorámica y crítica de la epistemología genética de Piaget*, 1965—1980, II, Madrid: Alianza Editorial, 1985.

ZULETA, Estanislao. *Sobre la idealización en la vida personal y colectiva*. Santafé de Bogotá: Procultura S. A., 1985.

__________. "El proceso de desnaturalización" (primera Parte). En: *Boletín de estudios psicoanalíticos*, volumen 1, Nº. 1. Cali, septiembre 1986.